KB024901

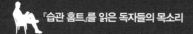

『습관 홈트』를 읽은 독자들의 목소리

작은 것부터 실천하는 습관을 트레이닝을 하고 싶다면 꼭 이 책을 읽어보라고 권하고 싶다.
- 풀*** 님

사실 아직 이렇다 할 꿈이 없어서 나도 과연 시작할 수 있을까라는 의구심이 들었습니다만, 타인의 실천 사항을 먼저 따라 하면서 제 것을 만들어 가보려고 합니다.
저와 같이 아직 꿈이 확실하지 않거나 무언가를 꾸준히 해보고 싶은데 매번 실패하시는 분들께 반드시 강추합니다!!!!! - deer*** 님

책을 읽고 나니 작은 습관 실천 의지가 불끈 솟아오른다. - 박*** 님

책의 마지막 장을 덮으며 나의 실천 목록을 적어보았다. 지켜가기 위해 공개하기로 했다. 1. 책 읽기 2쪽 2. 하루에 물 1리터 마시기 3. 스트레칭 5분. 4. 큐티 5. 꿀성경(성경 일독 프로그램)
- han*** 님

성공한 사람들의 이야기가 진리인 마냥 무조건적으로 답인 듯이 이야기하는 일방적인 자기계발서와는 달리, 『습관 홈트』는 나와 같은, 보통사람들, 일반인들이 주체가 되어 습관 트레이닝을 하고, 일지를 기록하고, 결과를 제시하는 과정을 담고 있다. 그래서 이질적이지 않으며, 공감할 수 있고, 쉽게쉽게 읽어나갈 수 있다. - 아씨*** 님

자기계발서를 읽으면서 정말 따라 하고 싶고, 실제로 실행에 옮긴 건 정말 오랜만인 것 같다. 따라 한다 해도 항상 실패했지만... 이번에는 왠지 모르게! 성공할 거 같은 느낌적인 느낌!
- 만종*** 님

우연히 접하게 된 책이지만 지금이나마 이 책을 만날 수 있었음에 정말 감사하다. 그만큼 정말 큰 깨달음과 신뢰를 주었던 고마운 책. - de*** 님

나는 지구력이 제로다. 하고 싶은 게 많아서 시작은 잘 하지만 늘 작심삼일로만 끝나버린다. 꾸준함이 부족한 나에게 『습관 홈트』의 작은 습관은 최고의 변화 프로젝트의 시작이다. - cho*** 님

특히 아이들도 습관 홈트를 통해 작은 습관 만들기에 동참하여 잘 지켜내고 있는 모습은 인상적이고 당장 실천해보고 싶은 부분이었다. - 아이*** 님

『습관 홈트』를 읽으면서, 아이와 함께하면 좋을 것 같아 이야기했더니 아이도 흔쾌히 동의했습니다. 시작이 반이라는 말처럼 목표 습관 3개를 각자 정하고, 서로 실천을 체크하면서 꾸준히 하다 보면, 어느 순간 다른 것들도 변화되어 있을 것입니다. - 뽀이*** 님

처음부터, 위대한 사람들은 없다. 위대한 영웅은 평범한 사람 속에서 나오기에, 평범한 사람들 속에서 자신의 의지대로 자신의 소소한 삶과 목표를 위해 정진하는 사람들 속에서 위대한 사람이 피어난다. - R*** 님

습관 3기에 참여했던 참가자로서 출간되길 무지 기다렸던 책이다. 스티븐 기즈의 코칭을 받으며 수개월간 사례들을 모으고, 작은 습관 참가자들과 소통하며 만들어낸 우리의 이야기가 담겨 있는 책. - 꼬*** 님

습관을 통해 목표를 달성하는 황금률!! 작은 습관=작은 불쏘시개, 배터리, 꿈의 엔진을 재점화하는 역할. 믿음을 갖고 작은 습관을 멈추지 않으면(즉 매일 아침 습관 배터리가 시동을 걸면) 시간과 경험치가 쌓여 결국 목표를 달성한다. - 평생*** 님

나의 3가지 목표를 세우는 데 집중해야겠다는 생각이 든다. 가볍게 시작하되, 결코 포기하지 않을 수 있는, 평생 꾸준히 실천할 수 있는 3가지 작은 습관을. - toy*** 님

사실 나는 작은 습관을 혼자 하고 있다. 그래서 꾸준하게 잘 하다가도 또 가끔은 중단하고 넘어가는 일도 많다. 나도 이 작은 습관 프로젝트에 기회가 된다면 참여를 해보고 싶다. - 세*** 님

"성공하는 사람은 성공하지 못하는 사람들이 하기 싫어하는 일을 하는 습관을 가지고 있다."(Albert Gray) 매일 인터넷 쇼핑몰을 보며 시간을 죽인 과거를 반성하고 있다. 그 시간에 다른 대체 습관을 가졌으면 크게 성공했을 수도 있겠다. - ggo*** 님

나도 성공한 사람들이 하는 대로 따라 하면 그들이 거둔 성공을 똑같이 이룰 수 있겠지? 성공한 사람과 똑같이 생각하고 느끼고 행동하라. 나도 똑같은 성공을 거둘 것이다. - 책*** 님

이 책은 습관 만들기의 종합판이다 싶다. 잘 키운 습관 하나 열 스펙 안 부럽다. - u*** 님

저자의 이야기를 하면서 금연에 대한 부분이 인상적이었는데 습관은 나쁜 습관을 없애는 것이 아니라 새로운 습관을 만들어가는 것이라는 부분이다. - ∞*** 님

몰입을 하면 좋다. 너무나 당연해서 부연 설명이 필요 없다. 현실적으로 지속적인 몰입이 힘들 때 작은 습관은 아주 현실적이다. 그럼 작은 습관은 어떻게 시작하냐고?『습관 홈트』를 읽어보시길! - 아기*** 님

일상생활 속에서 시간과 돈을 많이 들이지 않고 실천할 수 있는 방법들로 이루어져 있습니다. - 나*** 님

집에서도 부담 없이 할 수 있는 보통 사람들을 위한 실용적인 한국형 습관 모델!! - 미래*** 님

이 책을 읽기 시작하면서 나도 시작하고 있다. 출퇴근하는 지상철에서 독서(2페이지 이상), 2줄의 글쓰기(안 되는 날은 휴대폰 메모장에), 윗몸일으키기와 푸시업 각 10개씩. - ap*** 님

여러 책들이 그저 '아침에 일찍 일어나는 게 좋다'라고 하면 이 책은 '아침 여섯 시에 기상을 하고 물을 한 컵 마셔라' 같은 느낌. 추상적인 해결책이 아닌 구체적이고 현실감 있는 해결책을 제시합니다. - Em*** 님

흔하디흔한 자기계발서, 습관에 대한 책이라고 생각하면 오산! 자기계발서를 싫어하는 사람들도 읽다 보면 흠칫하며 놀라게 될 것이다. - 김*** 님

작은 습관 실천 프로그램에 참여하고 1년 넘게 습관을 이어가고 있는데 이 책을 읽고 따라 하시는 많은 분들도 저처럼 꾸준히 작은 습관을 실천해서 삶을 바꿔나가시길 바랍니다! - s*** 님

습관
홈트

카톡으로 함께하는 작은 습관 트레이닝

습관
홈트

이범용 지음

스마트북스

카톡으로 함께하는 작은 습관 트레이닝

습관
홈트

초판 발행 2017년 7월 17일
4쇄 발행 2020년 10월 1일

지은이 이범용
펴낸이 유해룡
펴낸곳 (주)스마트북스
출판등록 2010년 3월 5일 | 제2011-000044호
주소 서울시 마포구 월드컵북로 12길 20, 3층
편집전화 02)337-7800 | **영업전화** 02)337-7810 | **팩스** 02)337-7811 | **홈페이지** www.smartbooks21.com

ISBN 979-11-85541-59-4 03320

원고 투고 : www.smartbooks21.com/about/publication

감사의 말

요즈음 저의 커다란 행복 중 하나는 『습관 홈트』를 읽고 작은 습관 3개를 엄선하여 실천하고 있다는 독자들의 글과 조우하는 기쁨입니다. 특히 최근에 직장 동료 7명과 함께 습관 홈트를 시작했다는 독자 분의 이메일을 받고 큰 보람과 책임감도 함께 느꼈지요. 습관 홈트를 시작한 모든 분들에게 힘찬 응원을 보냅니다.

"작은 습관 모델을 사람들에게 직접 적용하고, 그들의 습관 결과를 추적하고 기록함으로써 작은 습관의 위대함을 보여 주었다. 습관 강화에 대한 우리의 이해 수준을 높인 그의 공헌에 감사를 표한다."

스티븐 기즈, 『습관의 재발견』의 저자

하루 10분 습관 홈트가 가져온
위대한 변화

당신은 평생을 걸 만한 가치 또는 꿈이 있습니까?

이 질문에 "네, 있습니다."라고 당당히 말하는 분이 있다면, 그분은 분명 열정으로 뜨겁게 타오르는 심장으로 매일 숨을 쉬며 에너지 넘치는 삶을 살고 계시리라 믿어 의심치 않습니다.

그러나 저는 이 질문에 최근까지 '네'라고 말하지 못한 채 남들이 정해 놓은 길을 터벅터벅 땅만 보고 걸었습니다. 내 심장이 목표를 달성하기 위해 뜨거웠던 적이 언제였을까? 무려 6년이란 시간을 되돌려서야 목표를 향해 달려가는 저를 겨우 만날 수 있었습니다.

2010년 이후 차갑게 식어 버린 제 심장은 6년이 흐르고 난 후에야 긴 겨울잠에서 깨어났습니다. 우연히 참가한 모임에서 스티븐 기즈의 『습관의 재발견』이란 책을 읽었고, 작은 습관*의 위대한 힘을 깨닫게 되었습니다. 작은 습관과의 첫 조우 이후 지금까지 3년 남짓, 제 삶에도 놀랄 만큼 많은 변화가 찾아왔습니다.

---

* '팔굽혀펴기 1회' 같이 작고 사소한 습관을 선택하여 매일 실천하는 것을 말한다. 팔굽혀펴기 1회는 실제로 스티븐 기즈의 삶에 커다란 변화를 가져온 작은 습관이다.

카톡(카카오톡)으로 함께하는 '작은 습관 실천 프로그램'을 기획하였고, 대한민국 보통 사람들인 직장인, 주부, 선생님, 대학생, 공무원 등과 3년 동안 하루 10분, 3개의 습관을 함께 실천해 오고 있습니다.

하루 10분 작은 습관 3개를 트레이닝했을 뿐인데, 주중에는 물론 공휴일에도 4시 30분에 일어나게 되었고 자투리 시간 10분도 활용하는 시간 관리 습관이 자연스럽게 생겼습니다. 회사에서는 하루가 멀다 하고 찾아오는 폭발할 듯한 업무 스트레스, 인간관계 스트레스를 이기는 방법을 찾아냈습니다. 회사 밖에서도 사람들과의 건전한 교류가 늘었습니다. 꿈과 소명을 재발견했으며 제 롤모델이자 『습관의 재발견』의 저자인 스티븐 기즈와 인연을 만들어 소통하고 있습니다. 무엇보다 2016년 여덟 살이던 딸아이가 제 습관을 따라 하기 시작했으며 이를 계기로 딸과 함께 '아이 습관 만들기 프로젝트'를 3년 동안 실천해 오고 있습니다. 아내와 작은아이도 작은 습관 실천을 시작한 지 오래입니다. 습관 가족이 탄생한 것이지요.

맹자는 '유수지위물야 불영과불행(流水之爲物也 不盈科不行)'을 강조했습니다. 흐르는 물은 웅덩이를 채우지 않고는 앞으로 나아갈 수 없다는 의미입니다. 다시 말해, 물이 흐르다가 웅덩이를 만나면 그 웅덩이를 다 채운 후에 비로소 앞으로 나아갈 수 있지요. 모든 흐르는 물은 웅덩이를 채우지 않고 건너뛸 수 없다는 지극히 당연한 자연의 섭리를 빗대어 기본과 원칙에 충실해야 함을 주장했습니다.

습관도 흐르는 물이 만나는 웅덩이와 같습니다. 왜냐하면 평범한 사람이 꿈과 목표를 달성하기 위해서는 습관을 건너뛰어서는 절대 성공할 수 없기 때문입니다. 습관은 목표를 달성하기 위해 우리 삶에 반드시 끌어들여야 하는 기본이며 원칙입니다.

성공학의 대부라 할 수 있는 브라이언 트레이시는 "심리학과 성공학 분야의 가장 중요한 발견은 우리가 생각하고 느끼고 행동하고 성취하는 모든 것의 95%가 습관의 결과라는 사실"이라고 힘주어 말했습니다. 어떤 습관으로 삶의 웅덩이를 채우느냐에 따라 우리의 앞날이 결정되는 만큼 습관은 우리 삶의 기본이며 핵심입니다.

그러나 우리 삶의 기본이며 핵심인 습관을 지속적으로 실천하기는 녹록하지 않습니다. 매번 동일한 방법으로 습관을 시도하지만 번번이 실패하고 맙니다. 더 안타까운 현실은 시중에 수많은 자기계발서가 있지만 대부분 이론 중심입니다. 지금까지 자기계발서 저자들은 평범한 사람들에게 이러한 훌륭한 이론들이 있으니 어서 실천하라고 독려했지만 독자들의 공감대를 이끌어 내기에는 부족했습니다. 저자가 직접 실천하지도 않고 성공하지도 못한 이론을 사람들에게 실천하라고 주장하는 것은 앞뒤가 맞지 않는 궤변이기 때문입니다.

구본형 변화경영 전문가는 자신이 직접 실천해서 성공한 후에 타인에게 그 이론과 방법을 권해야 한다고 일침을 가했습니다. 저자가 직접 체험하고 검증하지 않은 이론은 공염불에 불과합니다. 독자와의 공감대는 작가의 땀내를 통해 비로소 형성될 수 있다고 믿고 있습니다.

작은 습관의 창시자인 스티븐 기즈는 자신이 직접 기니피그가 되어 작은 습관을 실천하고 성공했기 때문에 독자와 공감대를 형성할 수 있었습니다. 그러나 저는 한 발짝 더 나아가서, 카톡으로 함께하는 작은 습관 실천 프로그램을 만들어 평범한 사람들과 3년 넘게 습관 트레이닝을 하고 있으며, 그 과정에서 놀라운 변화를 이루는 데 성공했습니다.

이 책은 스티븐 기즈가 제안한 작은 습관 전략을 일부 참조했습니다. 그러나 작은 습관이란 새로운 개념을 소개함과 동시에, 21세기 대한민국에 살고 있는 평범한 사람들 개개인의 삶 속으로 작은 습관 실천 프로그램을 끌고 들어가 즉시 활용할 수 있고 습관으로 정착시킬 수 있는 실천 도구를 제시하고 있다는 점에서 차별화된 가치를 제공하고 있습니다.

좋은 이론만 알게 해 주는 것은 결코 오래가지 못한다는 사실을 잘 알고 있습니다. 그렇기 때문에 이론보다 훨씬 더 중요한 작은 습관 프로그램을 개발하고, 평범

한 사람들이 실생활에 적용할 수 있는 방법을 연구하는 데 주력하고 있습니다. 그 과정에서 하나의 습관이 물결이 되어 제 몸 구석구석으로 퍼져 나가 결국 시간 관리, 목표 관리, 메모 습관, 새벽 기상 습관 등을 동시다발적으로 형성하는 신비한 경험도 했습니다.

로켓이 발사대에서 힘차게 출발하려면 점화장치 스위치를 켜야 하듯이, 고기를 굽기 위해 겹겹이 쌓아 놓은 장작에 불을 지피려면 불쏘시개가 필요하듯이 여러분의 몸속에 습관의 첫 물결을 일으킬 한줄기 바람이 되고자 이 책을 썼습니다.

이제는 여러분이 작은 습관의 위대함을 경험할 차례입니다. 이 책 '카톡으로 평생 습관 만들기 – 실천편'에서 제시한 작은 습관 실천 프로그램을 여러분이 생활 속에서 직접 실행함으로써 자신이 원하는 목표와 꿈을 달성할 수 있기를 힘차게 응원합니다. 그리하여 더 위대해진 여러분이 되길 진심으로 바라고 또 바랍니다. 여러분은 혼자가 아니며 더 위대해질 잠재력이 충분히 있습니다.

2019년 6월
이범용

PART

01

왜 우리는 똑같은
실패를 반복하는가

평범한 사람의 유일한 성공 도구, 습관

어제와 똑같이 살면서 다른 미래를 기대하는 것은 정신병 초기 증세이다.

알베르트 아인슈타인(Albert Einstein)

평범한 사람이 위대해질 수 있는 유일한 방법은 매일 조금씩 올바르게 습관을 실천하는 것입니다. 그러나 우리같이 평범한 사람들은 완벽하지가 않습니다. 우리는 미래가 어떤 식으로 펼쳐질지 모른 채 삶이 이끄는 대로 따라갈 수밖에 없는 나약한 지구별 여행자들이지요.

앞날은 불투명한데 우리들은 늘 부족하고 불완전합니다. 지극히 평범한 우리들이 위기나 변화에 대처하는 유일한 방법은 미리미리 준비를 단단히 하는 길밖에는 다른 방법이 없습니다. 왜냐하면 오늘 당신이 하는 일이 쌓이고 쌓여 당신의 미래를 결정하기 때문입니다. 불확실한 미래에 대응하기 위한, 현실적이고 검증된 방법은 바로 지금 당신에게 필요한 습관을 찾아 몸에 배게 하는 일입니다.

아인슈타인은 "어제와 똑같이 살면서 다른 미래를 기대하는 것은 정신병 초기 증세이다."라고 말했습니다. 어제와 다른 미래를 만들려면, 매일 바르고 긍정적인 습관을 실천하며 앞으로 나아가야 한다는 뜻입니다.

그런데 습관이 비단 어른들에게만 중요할까요?

세 살 버릇 여든까지 간다는 속담처럼 — 요즘은 백 세 시대이니 세 살 버릇 백 살까지 간다고 말해야 더 현실적이겠네요 — 아이들이 좋은 습관을 들이는 일은 정말 중요합니다.

괴테의 어머니 카타리나는 괴테가 세 살이 되자 밤마다 동화를 읽어 주었는데, 특이하게도 동화의 마지막 부분은 들려주지 않고 괴테가 완성하도록 했습니다. 괴테는 스스로 이야기를 지어내면서 상상하고 추리하고 창작하는 습관을 들였습니다. 석유 왕 존 데이비슨 록펠러의 아버지도 록펠러가 어렸을 적에 용돈 기입장 쓰는 습관을 갖게 도와주었습니다. 록펠러는 용돈 기입장을 쓰면서 자연스럽게 돈을 계획해 쓰게 되었고, 남은 돈을 저축하는 습관까지 갖게 되었습니다.

이처럼 우리가 오늘 실천하고 있는 습관 하나가 우리의 미래뿐만 아니라 우리 아이들의 미래에까지 큰 영향을 주기 때문에 습관의 중요성은 아무리 강조해도 지나치지 않습니다.

습관이 얼마나 중요한지, 저도 경험을 통해 깨달았습니다. 2016년 저는 습관에 관한 글 50개를 블로그에 포스팅하기로 결심했습니다. 그해

4월에 작은 습관 실천 프로젝트*를 시작했기 때문에, 남은 9개월 동안 한 달에 6개의 글을 써야 연말까지 50개의 블로그 포스팅을 할 수 있다는 계산이 나왔지요. 한 달에 6개면 매주 1.5개의 글을 완성해야 했기에, 저는 하루 2줄 쓰기를 작은 습관 실천 목표로 정했습니다. 남들이 정한 습관 목표를 따라 하다가 결국 실패했던 경험을 되풀이하지 않기 위해 목표를 작게 설정했습니다.

'2줄 글쓰기'는 최소한의 하루 목표입니다. 실제로 매주 1.5개의 글을 완성하고 블로그에 포스팅하기 위해서는 하루 2줄 글쓰기만으로는 부족할 수밖에 없지요. 글을 2줄 이상 써서 최소 목표를 초과 달성하는 날이 있어야 합니다. 초과 달성은 곧 주 단위 목표를 달성하도록 도와주는 역할을 합니다. 주 단위 목표 달성은 월간 목표를 달성하도록 이끌었고, 그 결과 50개의 글을 블로그에 올리는 데 성공했습니다.

목표를 달성했다는 성취감보다 더 중요한 것은 어떤 일을 매일 실천하는 과정에서 깨달은 습관의 위대함과 파급효과였습니다. 글을 쓰려면 때로 번뜩이는 영감이 필요합니다. 번뜩이는 영감은 주로 책을 읽음으로써 보충됩니다. 글쓰기 습관은 책 읽는 습관을 자연스럽게 유도했습니다. 또

---

* 작은 습관(mini-habit)이란 스티븐 기즈의 『습관의 재발견』에서 처음 시작된 개념으로 '팔굽혀펴기 1회', '책 읽기 2쪽' 같이 작고 사소한 습관을 선택하여 매일 실천하는 것을 말한다. 이 책의 저자는 2016년 4월 11명의 사람들과 함께 작은 습관 실천 프로그램을 시작했다. 저자의 작은 습관 실천 프로그램은 스티븐 기즈의 작은 습관과 차별화하고 대한민국 보통 사람들에게 맞춤화한 '매일 습관 3개를 10분 안에 실천하여 삶을 변화시키는 습관 전략'이다.

한 글의 소재가 생각날 때마다 가던 길을 멈추고 메모하는 습관이 생기게 해 주었습니다. 제 기억력의 한계를 누구보다 잘 알기 때문에, 에빙하우스의 망각곡선이 기지개를 켜고 활동하기 전에 휴대폰 메모장을 열고 부리나케 써 내려갔습니다. 장소는 중요하지 않습니다. 출근 버스를 기다리는 길이나 회사 화장실도 상관없고 점심시간에 식당으로 걸어갈 때, 택시를 타고 이동 중일 때도 괜찮습니다. 영감이 찾아와 준 것에 감사할 뿐, 장소는 메모 습관을 방해할 만큼 영향을 주지 않습니다.

짬짬이 여유 시간에 책을 읽고 글의 소재를 생각하다 보니, 시간을 더 촘촘히 쓰게 되었습니다. 시간을 더 많이 확보하고 또 낭비하지 않으려는 마음은 주말에도 이어져, 새벽 4시 30분에 일어나게 되었습니다. 새벽 4시 30분은 제가 평소 회사 출근을 위해 잠자리에서 일어나는 시간입니다. 주말이라고 나태해지려는 유혹에서 벗어나고자 하는 힘이 시나브로 강화되었습니다. 하루 2줄 글쓰기라는, 어찌 보면 사소한 습관 하나가 제 삶에 긍정적인 연쇄반응이 일어나도록 길을 터 주었습니다.

다시 한 번 강조하지만, 우리의 습관은 우리의 미래뿐만 아니라 아이들의 미래에까지 영향을 줄 만큼 중요합니다. 따라서 일확천금, 아부 또는 권모술수 같은 비정상적인 방법을 제외하고, **평범한 사람이 자신의 꿈과 목표를 달성하기 위한 유일한 방법은 지속적인 습관의 실천뿐입니다.** 공자도 위대한 보통 사람이었습니다. 공자가 위대해진 이유는 극기복례(克己復

禮: 자신의 욕심을 버리고 예를 확립함)를 생활 속에서 습관처럼 실천했기 때문입니다. 공자의 이러한 습관이 물결처럼 제자들에게 퍼져 나갔고, 오늘날까지 이어져 살아 숨 쉬고 있습니다. 그 물결의 영향력이 미래의 어느 정거장에 멈춰 설지는 아무도 모릅니다.

여러분에게는 어떤 좋은 습관이 있습니까?

만약 아직 없다 해도, 늦지 않았습니다. 여러분이 거부하지만 않는다면, 작은 습관은 여러분이 원하는 습관을 몸에 배게 하여 목표를 달성하도록 반드시 도와줄 것입니다.

세상에서 가장 불행한 사람들의 공통점

일상을 바꾸기 전에는 삶을 변화시킬 수 없다. 성공의 비밀은 자기 일상에 있다.

존 C. 맥스웰(John C. Maxwell)

변화는 살아 있는 모든 것들의 숙명입니다. 인간은 가족 안에서 또는 사회나 공동체 속에서 삶의 균형이 무너지는 순간들을 경험합니다. 삶이 왼쪽으로 기울면 몸을 왼쪽으로 틀어 균형을 잡아야 하고 삶이 오른쪽으로 기울면 다시 오른쪽으로 몸을 틀어야 하지요. 끊임없이 삶과 나 사이에 균형을 맞추면서 변화하지 않으면, 삶의 무대에서 뒤처지고 낙오자란 주홍 글씨를 달아야 할지도 모릅니다.

사람은 조직 속에서 변화하고 또 개인의 삶 속에서 변화합니다. 조직은 사람이 먹고사는 문제를 해결하는 삶의 전쟁터이지요. 고단하고 힘든 여정입니다. 반면 개인의 삶 속에서 변화를 택하는 순간은 내면의 성숙이나 지적인 성장을 통한 가치 실현 또는 사회 공헌 등과 연관성이 깊습니다.

4차 산업혁명이니, 거대 기업이니, 고령화 사회니 하는 비즈니스 트

렌드 속에서 인간이 직장이라는 공간에서 직면하는 변화는 점점 가혹해지고 있습니다. 직장인이라면 누구나 한 번쯤 회사라는 조직에서 자신이 주역이 아닌 들러리가 되는 냉혹한 현실을 마주하는 순간이 찾아옵니다. 나이가 많든 적든, 사회생활 경험이 많든 적든 상관없이 어렵지 않게 그러한 현실을 마주할 수 있습니다. 조직에서 '변화'는 직장인들의 오랜 숙제이자 화두가 되었습니다. 설상가상으로 회사가 도입한 희망퇴직이란 제도는 이제 신입 사원마저도 노리고 있다 하니, 입사하는 순서는 존재해도 퇴사하는 순서는 나이와 상관없게 되었습니다.

우리는 '평생직장'이란 포근한 단어를 박물관에서나 찾을 수 있는 시대에 살고 있습니다. 시대는 빠르게 변화하고 있고 세상은 우리에게 변화하라고 종용합니다. 그렇다면 우리는 '회사 이후의 삶'을 빨리 고민해 봐야 할 것입니다.

● "이 나이에 뭘 할 수 있겠어"

대한민국 굴지의 기업 S사에서 수십 년을 일한 K부장도 회사 이후의 삶을 상상해 봅니다. 하지만 1분도 채 지나지 않아 그것은 이제껏 겪어 보지 못한 5차 방정식이라며, 손사래를 칩니다. 이어지는 K부장의 말은 가히 충격적이라 할 수 있습니다. "회사에서는 2차 방정식이면 큰 고민 없이 하루를 보낼 수 있지. 하지만 회사 밖에서는 갑자기 5차 방정식을 풀어야 하는 복잡함과 수고를 감내해야 해. 그게 현실이야. 상상조차 하기 싫다." 그러고는 딱 거기까지만 고민하고, 다시 2차 방정식인 회사 일에 매달립니다.

5차 방정식을 풀 비법을 가르쳐 주는 학원이라도 다녀야 할 만큼 위급한 상황임을 나도 알고 그도 알고 그녀도 아는데, 당사자는 애써 태연한 척합니다. "S기업 출신인데 퇴사하더라도 뭐든 하겠지."라는 용감한 계산을 합니다. 최첨단 디지털 시대에 주판알을 두드리는 시대착오적인 계산법이지요.

그리고 얼마 후 K부장은 이렇게 고백합니다. "이 나이에 뭘 할 수 있겠어." 그 말을 꺼낸 순간, 고백은 자책으로 돌변합니다. 마치 상수가 전쟁터에서 포로가 되어 갖은 수모와 고문을 감내하기보다 차라리 자결을 택하는 모습과도 흡사합니다. 청춘을 다 바쳐 한 회사만 오롯이 다녔다 한들 회사는 그들의 영구적인 보호막이 아닙니다. 그럼에도 불구하고 그들은 과감히 회사 밖으로 뛰쳐나가 제2의 삶을 모색하기를 두려워하고 귀찮아합니다. 첫 직장을 배신할 수 없다는 그들의 명분은, 초라하기 그지없습니다.

세상에서 가장 불행한 사람들의 공통점은 '중요한 것을 미룬다'는 것입니다. 2차 방정식을 푸는 한편으로 낭비되는 시간을 찾아내어 5차 방정식을 풀 방법을 공부하며 준비해야만 하는데, 시간을 푼돈처럼 낭비합니다. 그러고는 시간이 없다고 하소연합니다.

작은 습관 실천 프로그램에 참가한 사람들의 하소연 중 1위도 단연코 '시간이 없다'입니다. 구체적으로 들어가면 이유는 다양합니다. 친구 모임, 육아, 회식, 야근, 여행, 해외 출장 등등 습관을 실천하지 못한 이유는 각양각색이지만, 근본적인 이유는 시간 부족으로 수렴됩니다.

시간이 없다는 핑계는 지극히 개인적이고 주관적입니다. 함께 작은 습관 실천 프로그램에 참여하고 있어도, 친분이 매우 두텁지 않은 이상 시간이 없다는 핑계에 반기를 들거나 조목조목 따지기는 힘들지요.

하지만 친구 모임에 참석했다가 과음을 해서 그날 해야 할 일을 실천하지 않은 것도 따지고 보면, 변명입니다. 이런저런 크고 작은 핑계가 하루, 이틀 계속 쌓이면 한 달간의 습관 실천율은 처참하게 낮아집니다.

구본형 변화경영 전문가는 『낯선 곳에서의 아침』에서 그 해답을 우리에게 제시해 줍니다.

"실천은 개혁의 가장 어려운 단계이며 가장 중요한 대목이다. 그리고 고액의 컨설턴트들이 더 이상 도와줄 수 없다고 물러서는 대목이다. 아무도 대신해 줄 수 없는 국면이다."

만약 '일기 3줄 쓰기'라는 작은 습관이 몸에 배도록 실천 중인 사람이 야근으로 한 달 중 하루라도 일기 쓰기를 빼먹었다고 할 때, 그의 습관 실패의 원인은 야근입니다. 그렇다면 그 책임은 누가 져야 할까요? 야근에게 책임을 물어야 할까요, 아니면 야근을 지시한 직장 상사에게 돌려야 할까요? 나의 삶은 야근이나 직장 상사가 대신 살아 주는 것이 아님을 명심해야 합니다.

사실, 저도 습관 실천 초기에 '2줄 글쓰기'를 야근 때문에 자주 빼먹곤 했습니다. 반복되는 습관 실패의 돌파구를 찾기 위해 『습관의 재발견』의 저자인 스티븐 기즈에게 이메일을 보내 조언을 구했습니다. 그리고 아래와 같은 답변을 받았습니다.

"만약 당신이 힘들게 일한 시간(야근)을 핑계로 댄다면, 그것은 당신의 선택입니다. 그러나 모든 사람은 자신이 중요하다고 믿는 것을 위해서는 1분을 투자할 수 있습니다."

하루를 대하는 마음이 절박해져야 합니다. 하루는 인생 전체 속에서 '현재'를 구성하는 기본 단위입니다. 즉 하루를 바꾸지 못한다는 것은 현재를 바꿀 수 없다는 의미입니다. 우리는 과거를 바꾸지도 못하고, 시간을 건너뛰어 미래로 가서 미래를 바꿀 수도 없습니다. 우리 인간이 바꿀 수 있는 유일한 시간은 현재이며, 그것은 곧 우리의 하루입니다.

하루 10분, 하루 중 고작 0.7%의 시간조차 만들어 낼 자신이 없다면 살아 있어도 죽은 삶을 사는 것과 마찬가지입니다. 어제와 똑같은 생각을 하고 핑계를 대며 습관 실천에 실패했다면, 당신의 지난 24시간은 죽은 시간이나 매한가지임을 간과해서는 안 됩니다.

　　습관이 우리의 미래를 결정할 만큼 중요하다는 것은 누구나 다 아는 사실입니다. 그러나 여러분과 저의 유일한 차이는 바로 '**믿음**'입니다. 습관화하기로 결심한 그 일을 매일 꾸준히 실천하면 삶에 커다란 변화가 찾아온다는 것을, 저는 지난 1년 2개월 동안 작은 습관 실천 프로그램에 직접 참여하고 실천함으로써 알게 되었습니다. 습관의 위대함을 믿게 되었습니다. 습관 실천 3개월 만에 금연에 성공했고, 6개월부터 작은 습관 3개(책 읽기 2쪽, 글쓰기 2줄, 팔굽혀펴기 5회) 실천을 하루도 **빠짐없이** 100% 성공했습니다. 작은 성공의 경험을 통해 습관의 위대함을 믿게 된 것이지요. 그것이 여러분과 저 사이에 존재하는 유일한 차이입니다. 그리고 이 책을 통해 여러분과 저 사이에 존재하는 그 차이를 없애고자 합니다. 여러분도 습관을 통해 자신의 삶이 변할 수 있다고 믿길 소망합니다.

당신이 습관 만들기에 실패하는 이유

열정이나 동기는 믿고 의지할 수 없다.

스티븐 기즈(Stephen Guise)

"작은 습관이 당장 필요하다고 하는데, 습관이면 습관이지 왜 앞에 '작은'이란 말을 덧붙여서 사람 헷갈리게 만드는 거지?"라고 의아해하는 분들이 많을 것입니다.

네, 맞습니다. 저도 처음에 '습관이 다 거기서 거기지. 왜 어법에도 맞지 않는 말을 만들어 사람 헷갈리게 하지?'라는 생각에 불편함을 느끼며 스티븐 기즈의 『습관의 재발견』을 읽었습니다. 이 책 속에서 스티븐 기즈는 '하루에 팔굽혀펴기 1회'라는 정말 너무나 작은 습관을 실천하여 삶에 커다란 변화를 맞고, 개인적으로도 사회적으로도 성공을 했다는 것을 강조하고 있습니다.

한 미국 대학의 연구 조사에 따르면(Scranton, 2014)[*] 처음 2주 동안은 실험 참가자들의 71%가 자신이 그해에 다짐한 것들을 지키는데, 6개월이 지나면 50% 미만의 사람들만이 그 다짐들을 계속 지켜 나간다고 합니다. 그리고 무엇보다 중요한 발견은, 2년이 지난 후에는 오직 19%의 사람들만이 그들의 다짐을 계속 지키고 있었다는 것입니다.

우리는 왜 새해 결심을 현실로 바꾸지 못하고 이렇게 작심삼일에 머물까요?

당신의 새해 다짐이 작심삼일에 그치는 이유

첫째, 완벽주의자이다.
둘째, 자신의 능력(열정, 동기)을 과대평가하는 경향이 강하다.
셋째, 새해 결심의 목표가 너무 높아서 몇 번 실패한 후 다시 재도전하기보다는 자포자기한다.

좀 더 자세하게 설명하면, 새해 결심이 작심삼일에 그치는 첫 번째 이유는 우리가 완벽주의자이기 때문입니다. 완벽주의자들은 4가지 요건이 완벽하게 갖추어져야 습관을 실천하려는 경향이 있습니다. 완벽한 장소,

---

[*] 출처: 《허핑턴 포스트》 2015년 1월 5일 기사 참조. http://www.huffingtonpost.com/2015/01/01/bad-new-years-resolutions_n_6401180.html

완벽한 시간, 완벽한 준비물 그리고 체면이 서는 높은 목표가 모두 갖춰져 야만 한다고 생각합니다.

혹시 여러분은 비가 오거나 늦게 퇴근해서 스포츠센터에 가지 않고 운동을 건너뛴 날이 있지 않나요? 완벽한 장소를 탓하며 습관을 포기한 적 없으세요? 그러나 작은 습관인 팔굽혀펴기 1회는 교회에서건, 사무실에서 건, 화장실에서건 어느 곳에서나 실천할 수 있습니다. 또는 정해진 시간, 예 를 들어 아침 6시 기상 후에 조깅 30분을 하려던 계획이 어제의 회식과 과 음으로 틀어진 적은 없나요? 하루, 이틀 건너뛰다 결국 포기해 버린 적 없 으세요? 작은 습관의 관점에서 보면, 아침 6시에 실천하지 못한 조깅은 하루 일과를 마무리하고 잠들기 전까지만 하면 됩니다. 밤 9시 이후라도 운동을 하는 것이 운동을 포기하는 것보다는 훨씬 낫습니다.

헬스 장비나 운동복을 완벽하게 갖춰야만 제대로 운동할 수 있다고 생각하지는 않나요? 운동을 위한 필수 장비는 단 하나, 우리 몸만 있으면 됩 니다.

새해 결심이나 목표를 세울 때 남의 눈을 신경 쓰느라 주위 사람들 이 세운 높은 목표를 따라 하려다 결국 실패하고 포기한 적은 없나요? 예를 들어 금연, 몸무게 15kg 감량, 책 한 권 쓰기, 1억 원 벌기, 매일 1시간 조깅 하기 등등 남들이 세운 목표를 나도 따라 해야 자존심을 지킬 수 있다고 생 각하고 있지는 않은가요? 중요한 것은 남에게 보이는 것이 아니라 매일 자 신의 습관 실천율 100%를 유지하는 것임을 명심해야 합니다.

새해 결심이 작심삼일에 그치는 두 번째 이유는, 우리의 능력(열정, 동기)을 과대평가하기 때문입니다. 새해 첫날의 하늘을 찌를 듯한 충만한 열정이 1년 내내 유지될 것이라는 오판을 서슴없이 저지르며, 남들이 정한 과도한 목표를 그대로 따라 실천하기 때문입니다. 그런데 열정이나 동기는 왜 해결책이 될 수 없을까요?

스티븐 기즈의 『지금의 조건에서 시작하는 힘』에 따르면, "열정이나 동기는 믿고 의지할 수 없다"고 합니다. 동기가 우리의 감정과 느낌을 바탕으로 하고 있기 때문입니다. 너무나도 많은 것들이 당신의 감정을 바꿔 놓을 수 있습니다. 우울한 마음, 건강 상태, 스트레스, 외부 자극, 회식이나 야근 같은 상황 등이 그것들입니다. 누구나 기운이 없고 뭘 해도 잘 안 되는 날이 있습니다. 그렇게 힘든 하루를 보낼 수 있습니다.

혹자는 어떤 상황에서든 동기부여를 통해 스스로를 통제할 수 있다고 주장합니다. "넌 할 수 있어. 힘내자. 파이팅!"을 외치며 엉망인 감정 상태를 끌어올려 동력이 충만하도록 만들 수 있다고 합니다. 하지만 이런 식의 동기부여는 일시적 응급조치일 뿐입니다. 습관의 생명은 '지속성'임을 잊지 않아야 합니다. 동기부여에 의존하는 것은 감정 조작일 뿐이며 일시적 임기응변에 불과하기 때문에 우리의 뇌가 반복적인 행동을 통해 습관을 형성하는 과정에는 오히려 방해가 됩니다.

새해 결심이 실패를 반복하는 세 번째 이유는, 새해 결심 실천에 몇 번 실패하고 나면 재도전하기가 쉽지 않다는 것입니다. 하루 3시간 독서,

하루 1시간 조깅, 하루 영어 회화 50쪽 공부 등을 새해 목표로 세웠다가 이런저런 이유로 며칠 건너뛰면 다시 도전하기가 쉽지 않은 것은 목표가 너무 높기 때문입니다. 열정이 충만할 때 독서 3시간은 가능할지 모르나, 열정은 점차 소진되기에 오래 지속하기가 어렵습니다. 지속할 힘이 남아 있지 않을 때는 말할 것도 없습니다. 여행을 떠날 때 욕심을 부려 가방에 과도하게 짐을 챙겨 넣으면 중간에 다리가 풀려 주저앉게 됩니다. 몇 년 전 〈꽃보다 할배〉라는 TV 프로그램에서 해외여행을 떠나는 노년의 배우가 여행 가방에 한국 음식을 바리바리 넣었다가 현지에 도착하고 얼마 지나지 않아 무겁다며 음식을 통째로 버리는 장면이 나왔습니다. 그때는 별 생각 없이 킥킥 웃었지만, 우리들 역시 그와 비슷한 실수를 종종 한다는 사실을 깨닫고 반성했습니다.

우리는 종종 유명한 강사나 책 또는 고난을 이겨 낸 평범한 사람들의 이야기를 통해 **나도 그들처럼 살고 싶다**고 생각합니다. 앞으로 어떻게 살아야 할지 구체적인 방법들을 찾아봅니다. 무엇부터 어떻게 실천해야 할지 고민합니다. 하지만 삶의 우선순위에 밀려 우왕좌왕하다 변화의 골든타임을 놓치곤 합니다. 가슴 가득 차올랐던 충만한 열정을 공동묘지에 묻어 버리는 과오를 반복하지요.

과거의 나태로 회귀한 후에는 3개월이든 6개월이든 열정 버스가 올 때까지 정류장에서 목이 빠지게 기다립니다. 얼마나 처량한 반복인지 경험해 본 사람은 알 것입니다.

새해 결심이 흔들리고 목표 달성에 실패를 반복하는 것은 여러분의 잘못이 아닙니다. 이제까지 잘못된 전략을 선택했을 뿐입니다. 이제까지 채택한 전략이 모두 실패로 돌아갔다면, 새로운 전략을 채택해서 다시 도전해야 하지 않을까요?

내년 1월 1일까지 기다릴 필요 없이 당장 오늘 시작할 수 있을 만큼 간단하고 쉬운 '작은 습관'을 실천해 보세요. 작은 습관은 실천하는 데 어렵지 않고 시간도 많이 걸리지 않아서 여러분의 뇌는 거부감을 느끼지 않을 것이며, 매일 조금씩 천천히 여러분을 변화시켜 줄 것입니다. 작은 습관을 실천하는 데 하루 10분을 투자하는 것은 21세기 바쁜 현대인을 위한 맞춤형 전략입니다.

월화수목금 그리고
토요일을 대하는 마음가짐

창조적 측면을 육성하기 위해서는 반드시 밀폐 봉인된 은신처를 만들어,
매일 몇 시간 동안 아무것도 침범해 들어오지 못하게 해야 하며 누구도 방해하지 못하게 해야 한다.

조지프 캠벨(Joseph Campbell)

어느 날 작은 습관 실천 프로그램 2기 참가자 기록을 살펴보다가 토요일에 습관 실천율이 유독 떨어지는 것을 발견했습니다.

아래 그래프에서 보듯이, 매일 3개의 작은 습관을 한 달 동안 실천한 결과, 습관 성공 개수의 전체 평균은 2.7개, 성공률은 91%인 반면에 토요일은 습관 성공 개수가 2.2개, 성공률은 73% 수준입니다. 다른 요일들보다 토요일은 습관 실천율이 현저히 낮습니다. 토요일에 게을러졌다가 일요일에 조금 회복한 후 일상으로 복귀하는 월요일과 화요일에 100% 실천하는 패턴을 보여 줍니다.

요일별 습관 성공 개수와 성공률(2016년 11월)

요일	월	화	수	목	금	토	일	평균
성공 개수	3.0	3.0	2.8	2.9	2.7	2.2	2.8	2.7
성공률	100%	100%	92%	95%	88%	73%	92%	91%

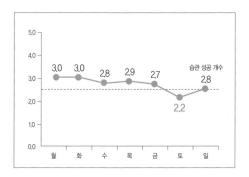

토요일 습관 실천에 있어 최대의 적(敵)을 조사해 보니, 친구 모임(음주), 여행 그리고 잊어버림이 주요 원인이었습니다.

월요일부터 금요일까지는 시간과 행동 사이에 어느 정도 규칙성이 있습니다. 즉 정해진 시간에 정해진 루트를 통해 회사와 집을 왕복하거나 학교를 가거나 집안일을 하는 등 일정한 일과를 수행합니다. 그렇다 보니 일정한 시간과 규칙적인 행동에 기반하여 특정 습관을 실천할 확률이 높아질 수밖에 없습니다.

그러나 토요일은 정해진 시간에 특정한 일을 해야 하는 강제가 없어지고 오롯이 스스로 시간을 조절할 수 있는 자유가 찾아옵니다. 누구나 잘 인지하고 있듯이, 자율성은 게으름을 잉태하고 있습니다. 자율과 게으름의 경계는 모호하여 작은 내적 갈등에도 틈이 생기고, 나태는 봇물처럼 터져 나와 토요일을 송두리째 빼앗아 갈 수 있습니다. 어쩌면 토요일의 나태 이면에는 월요일부터 금요일까지 수고한 자기 자신에게 작은 선물을 해 주고 싶은 욕망도 깃들어 있을지 모릅니다.

저도 예외는 아니었습니다. 누구에게나 월요병은 있으니까요. 힘든 월요일을 무사히 견뎌 냈지만 하루는 너무나 더디게 흘러가고, 달력을 보면 아직 수요일이었습니다. 그러나 '빵이쳐도 국방부 시계는 돌아간다'는 말처럼 다시는 오지 않을 것 같은 금요일도 다시 돌아오고, 금요일을 불태우기 위해 친구들을 만나 파티를 하고 술을 마셨습니다. 여행을 떠나기도 했습니다. 금요일 밤에 시작하여 월요일 아침에 끝나 버리는, 허무하기 그지없는 반복이었습니다.

결혼을 하기 전에는 이런 이벤트 없이 금요일을 보낸다는 것은 금요일에 대한 예의가 아니라고 철석같이 믿었습니다. 그 결과 낯선 곳에서 토요일 아침을 맞거나 아니면 내 집, 익숙한 이불 속에서 늦은 오전까지 뒤척이다 겨우겨우 일어났습니다. 결혼을 한 이후에도 평일에 열심히 산 나에게 보상을 해 주고 싶어서 금요일 밤부터는 게으름을 허락했습니다. 그래야만 월요병을 이겨 내고 직장 생활을 계속 이어 나갈 수 있고 혹여 상사 앞에서 자존심 상하는 일을 당해도 잘 버텨 낼 수 있을 만큼의 힘을 비축할 수 있었기 때문입니다. 반은 실제로 그랬고 반은 게으름에 대한 핑계였습니다. 어쨌든 그렇게 한 달을 보내면 그 대가로 월급을 받았고, 그 돈으로 가족과 함께 도시에서 살아갈 경제적 토대를 쌓았습니다.

그러나 2016년 4월부터 금요일 밤의 유혹에서 벗어나 토요일에도 작은 습관을 100% 실천하고 있습니다. 한 달에 두 번 정도 금요일에 심야 영화를 보지만, 다음 날 아침 아이들이 깨기 전에 일어나 습관을 실천한 후 하루를 시작할 수 있게 되었습니다. 토요일에 늦잠을 자면 아이들이 먼저 깨어 제 침대를 공격해 와 저만의 시간을 만들지 못하기 때문에, 주말에 혼자서 무언가 할 수 있는 시간은 이른 아침 시간밖에 없습니다. 이른 아침 글쓰기와 책 읽기 습관을 실천한 후 뿌듯한 마음으로 하루를 시작합니다.

습관 3개 중 2개를 이른 아침에 완료하고 하루를 시작하면 습관 실천에 대한 조급함과 강박관념에서 벗어날 수 있습니다. 뿌듯함과 평화로움이 저를 감쌉니다. 마음의 평화는 가족이나 타인을 대하는 태도에 너그러움이 생기는 선순환을 만들어 냅니다. 그리고 이것은 중독성마저 있습니다.

작은 습관은, 그래서 하루 10분만을 요구합니다. 월요일이든 금요일이든 토요일이든 하루 10분은 동일합니다. 우리의 의지력을 끌어올려 작은 습관 3개에 하루 10분을 투자하여 삶의 변화를 이끌어 내고자 하는 사람이라면 토요일도 예외일 수 없습니다. 핑계를 죽이고, 하루 10분을 확보하려는 의무감을 갖고 습관을 실천해야만 삶이 변화할 수 있습니다.

여러 가지 훌륭한 대안이 있겠지만, 우선 규칙적인 일상에서 벗어나는 **토요일을 대하는 마음가짐**을 새롭게 해야 합니다. 토요일 아침에 아무도 방해하지 못하는 시간을 정하고 그 시간에 무조건 습관을 실천하도록 훈련해야 합니다.

현재 월요일부터 금요일까지 저의 하루 일과는 아래와 같이 투자되고 있습니다. 아직 낭비되는 시간들이 다소 있지만, 이렇게 변화하기까지도 노력이 필요했습니다.

- 04:30 ~ 06:20 기상 및 출근 준비 (60분 글쓰기)
- 06:20 ~ 07:20 출근
- 07:20 ~ 08:00 아침 식사
- 08:00 ~ 19:00 회사 업무
- 19:00 ~ 21:00 퇴근 (지하철 30분 독서)
- 21:00 ~ 22:30 아이와 놀기 (아이 재우기)
- 22:30 ~ 00:30 습관 실천 (팔굽혀펴기, 글쓰기, 책 읽기)

수면에 평균 4시간, 습관 실천에 평균 3시간 30분 투자하고 있습니다. 그러나 삶은 늘 우리를 가만히 두지 않고 이리저리 흔듭니다. 야근으로 피곤한 날, 회식으로 술 마신 날, 몸살감기로 머리가 아픈 날 그리고 장거리 해외 출장으로 낮과 밤이 바뀌는 날 등 몸이 마음을 따르지 않는 날도 많습니다.

어느 날은 아이를 재우다 함께 잠들어 버리기도 합니다. 그럼에도 불구하고 우리는 기본 수입을 얻기 위해 반드시 해야만 하는 일(직업) 외에 우리의 신화를 창조하기 위한 **예술적 작업** 시간을 확보해야 합니다.

여기서 예술적 작업은 '변화를 위한 도전'입니다. 삶이 만족스럽고 행복한 사람은 변화를 거부합니다. 변화란 결국 현재 불행한 사람들이 행복을 찾기 위해 벌이는 치열한 몸짓입니다. 변화를 위한 도전은 우리가 간절히 원하는 꿈일 수도 있고, 의식의 확장을 위한 책 읽기와 글쓰기가 될 수도 있습니다.

『신화와 인생』의 저자 조지프 캠벨은 우리에게 거침없이 조언합니다.

"여러분의 책임과 여러분의 건강 모두를 유지하면서 여러분의 창조적 측면을 육성하기 위해서는 반드시 밀폐 봉인된 은신처를 만들어, 매일 몇 시간 동안 아무것도 침범해 들어오지 못하게 해야 하며 누구도 방해하지 못하게 해야 한다."

여러분은 '하루'라는 선물을 어떻게 사용하고 있습니까?

혹시 푼돈처럼 낭비하고 있진 않으세요? 아니면 조지프 캠벨의 조언처럼 누구도 침범해 들어오지 못하는 시간의 밭을 일구고 계신가요?

나의 하루에서 헛되이 낭비되는 10분의 기적

나쁜 습관은 고치는 것보다 예방하는 것이 더 쉽다.

벤자민 프랭클린(Benjamin Franklin)

우리는 살면서 수많은 변화에 직면합니다. 윌리엄 브리지스의 『내 삶에 변화가 찾아올 때』를 보면, 외적인 변화는 다른 지역으로 이사를 간다든지, 다니고 있는 회사의 사장이 바뀐다든지, 아이가 태어나거나 부모님이 돌아가시거나 사랑하는 사람과 이별하는 일과 같은 것입니다. 그리고 내적인 변화는 과거에 흥미를 느꼈던 일이 어느 날 갑자기 더 이상 우리의 흥미를 끌지 못하고 시들해지는 경험이나 진실이라고 믿었던 사실에 의심을 갖는 것과 같은 변화라고 합니다.

외적인 변화이든 내적인 변화이든, 우리가 알아야 할 중요한 사실은 이것입니다. 어떤 변화는 우리가 마음의 준비를 충분히 할 만큼 시간을 두고 서서히 우리를 방문하지만, 다른 어떤 변화는 늦가을까지 변화가 없다가 한줄기 바람에 떨어지는 나뭇잎처럼 급작스럽게 우리를 찾아온다는 사실입니다.

구본형의 『익숙한 것과의 결별』과 연결해 부연 설명하자면, 변화는 점진적인 변화와 급진적인 변화로 구분할 수 있습니다.

점진적인 변화는 안정적이고 평범한 일상 속에서 변화를 추구하는 방법입니다. 지금 당신이 30대나 40대 초반이라면 명예퇴직의 대상은 아닐 가능성이 많습니다. 하지만 점차 치열해지는 글로벌 경쟁 속에서 기업이 지속 가능한 재정 상태를 유지하는 것은 커다란 도전 과제임에 틀림없습니다. 평생직장이란 개념이 사라진 지 오래입니다. 아직 젊다 하더라도 곧 다가올 명예퇴직을 평범한 일인 양 대비해야 합니다.

점진적인 변화

점진적인 변화의 적절한 예는 유비무환(有備無患)입니다. 유비무환은 춘추시대 진나라 사람 사마위강이 "편안할 때 위기를 생각하십시오(居安思危). 그러면 대비를 하게 되며(思則有備), 대비를 하면 근심이 사라집니다(有備則無患)."라고 한 말에서 비롯되었습니다.

조선시대 이이가 주장한 10만 양병설도 유비무환의 연속선상에 있는 좋은 예입니다. 1583년 어느 날 이이가 왕을 찾아가 "나라가 오랫동안 태평하다 보니 군대와 식량 준비에 소홀하여 오랑캐가 침범해 오면 어떤 지혜로도 당해 낼 수 없습니다."라고 했습니다. 그로부터 한참 뒤인 1591년 일본에 다녀온 두 사신은 서로 다른 주장을 했습니다. 황윤길은 일본이 조선을 침략할 가능성이 높으니 서둘러 전쟁에 대비할 것을 주장했고, 김성일은 침략 가능성이 높지 않다며 전쟁에 대비하지 않아도 된다고 했습니다.

이에 조정은 양측으로 나뉘어 토론만 하다 시간을 낭비했고, 급한 대로 몇 가지 준비만 하면서 또 한 해를 보냈습니다. 그 결과 1592년 일본이 20만이 넘는 대군을 이끌고 조선을 침략했고 임진왜란이 시작되었습니다. 만약 이이의 10만 양병설이 채택되어 미리 전쟁에 대비했다면 전쟁으로 죽은 사람의 수는 훨씬 적었을 것입니다. 그리고 전쟁이 7년씩 이어지지 않았을지도 모릅니다. 어쩌면 임진왜란 자체가 역사에서 지워졌을 수도 있습니다.

급진적인 변화

급진적인 변화는 곧 격변의 시기입니다. 평온한 일상을 파괴합니다. 혼란과 무질서가 일상을 대체하고 우리는 더 치열하게 삶을 살아가야 합니다. 이건희 삼성 회장이 "아내와 자식만 빼고 다 바꿔라."라고 말한 1993년 신경영 선언(프랑크푸르트 선언)은 급진적인 변화의 좋은 예입니다.

신경영 선언 당시 삼성은 한국에서 이미 일등 기업이었지만, 세계 시장에서 삼성 제품은 그야말로 찬밥 신세였습니다. 미국 시장에서 삼성의 가전제품은 먼지를 뒤집어쓴 채 판매대 구석에 쌓여 있거나 헐값에 팔려 나갔습니다. 그러나 삼성 직원들은 위기의식 없이 국내 제일 기업이라는 자만에 빠져 있었습니다.

'나부터 변하자', '변하려면 확실하게 변하자'라는 절실함으로 이건희 회장은 급진적인 변화를 시도했습니다. 몇 가지 예를 들자면 조기 출퇴근제(7.4제: 7시 출근, 4시 퇴근)를 도입했고, 능력 위주로 임직원을 채용하고 평가했으며, 라인스톱제를 도입하여 불량이 발생하면 제품 생산 라인을 바로 멈추도록 했습니다.

여러분도 눈치챘겠지만, 점진적인 변화에 미리미리 대비하지 않으면 결국 급진적인 변화 속으로 빨려 들어가 뼈아픈 희생을 감내해야 합니다. 따라서 평온한 일상 중에 늘 미래를 대비해야 합니다.

그렇다면 점진적인 변화에 대한 준비는 어떻게 해야 할까요? 점진적인 변화는 바로 작은 습관을 매일 실천함으로써 대비해 나갈 수 있습니다. 하루 10분 동안 작은 습관 3개를 매일 실천하면서 일상 속에서 점진적으로 삶의 변화를 추구해야 합니다.

한 번 더 강조하지만, 태평한 시기에 우리는 작은 습관을 실천함으로써 다가올 미래를 천천히 그러나 확실히 대비할 수 있습니다. 누구도 급작스런 변화를 맞아 혼란과 무질서 속에서 살아야 하는 고통을 환영하지 않습니다.

만약 여러분이 지금 안정된 일상과 평화로움에 취해 살고 있다면, 당장 나에게 필요한 작은 습관을 찾아 실천하길 바랍니다. '아내와 자식만 빼고 다 바꿔야 할 만큼 급진적인 변화의 희생양이 될 수도 있기 때문입니다. 여러분이 게으름과 나태로 헛되이 보낸 오늘 하루가 부메랑이 되어, 어느 날 갑자기 급진적 변화의 구렁텅이 속으로 여러분을 내동댕이칠지도 모를 일입니다.

　　잠시 심호흡을 하고 여러분의 하루를 되짚어 보세요. 여러분의 하루 중 헛되이 낭비되는 시간 10분 정도는 어렵지 않게 발견할 수 있을 것입니다. 지금 여러분의 평온한 일상에서 사마위강의 유비무환을 거울삼아 다가올 삶의 변화에 대비해야 급진적 변화의 희생양을 모면할 수 있습니다. 다가올 삶의 변화보다 한발 앞서 나갈 수 있습니다. 작은 습관이 바로 유비무환의 실천 도구입니다. 독감에 걸리지 않기 위해 예방주사를 맞듯, 건강을 유지하기 위해 비타민이나 홍삼, 보약을 복용하듯 '하루 10분 작은 습관 3개'를 섭취하길 바랍니다.

　　모 피로회복제의 광고 문구처럼, 작은 습관이란 약을 먹은 날과 먹지 않은 날 사이의 엄청난 차이를 곧 느낄 것입니다.

습관이 왜 필요해?

mini habits
Tip

물결
왜 습관에 도전하나요? 습관에 도전하고
자 결심했다면 무엇부터 해야 할까요?

송아지
후회하지 않는 나이 불혹이 오기 전에 평
생 학습의 틀을 잡기 위해. 세월은 계속 가
는데 이루어 놓은 것도 흔적도 없고.ㅠㅠ
가장 먼저 할 일은 내 삶에 도움 되는 습
관 정하기일까요.

예술이야
문득 생각해 보니 5년 전보다 발전한 게
없는 거 같은데, 지금으로부터 5년 후에
도 똑같이 변한 게 없다고 생각하고 싶지
않아서요. 가장 먼저 해야 할 일은 체력
관리요. 스쿼트와 스트레칭.

미라클핏
좀 더 나은 내가 되고 싶어요.
올 여름에 7박8일 해외여행을 가요. 바다
도 갑니다. 제목표는 다이어트입니다. 식
사량 줄이기부터 제일 먼저 하려고요. 그
리고 영어 공부도 조금….

기쁨가득
새로운 습관을 통해 좀 더 발전된, 변화된
내가 되기 위해. 그러기 위해 꾸준히 실행
할 수 있는 습관 찾기.

내일이기대돼
과거와는 작별하고 어제보다 나은 나를
기대하며. 가장 먼저 할 일은 침구 정리.
운전 대신 걷기.

쑥이
좋은 습관이 배어 있는 생활을 하고 싶어
서 좋은 습관을 일상 속에 들이려 합니다.
습관 실천을 꾸준히 하기 위해 건강한 몸
만들기를 최우선으로 생각합니다.

영
매일 똑같은 하루를 보내다가 어느 날 갑
자기 제 자신이 한심하게 느껴져서요.
하고 싶다고만 생각하고 실행하지 않았던
영어 공부와 운동을 1순위로 생각하고 있
어요.

해빛
회사에서든 일상에서든 멋진 내가 되고
싶어요. 일단은 영어 공부랑 화법 공부.

물결
왜 습관이 필요할까요? 여러분은 어떤 이
유로 어떤 습관을 들이고 싶으세요?

PART

02

습관에서 절대
실패하지 않는 실천법

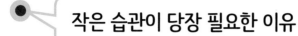

작은 습관이 당장 필요한 이유

하나의 새로운 습관이 우리가 전혀 알지 못하는 우리 내부의 낯선 것을 일깨울 수 있다.

생텍쥐페리(Antoine de Saint-Exupéry)

작은 습관 실천 프로젝트의 핵심은 '매일 하기에 부담 없는 사소한 습관 3개를 뽑아서, 총 소요 시간이 10분을 넘지 않게, 잠들기 전까지 강제로 실행'하는 것입니다. 제가 현재 실행하고 있는 작은 습관 목록을 예로 들겠습니다.

습관 목록	소요 시간	Why this habit?
1. 글쓰기 2줄	5분	연간 목표 달성에 기여
2. 책 읽기 2쪽	4분	글쓰기 소재 찾기
3. 팔굽혀펴기 5회	5초	체력 단련
합계	9분 5초	내 삶의 변화

'블로그 포스팅 50개 하기'라는 연간 목표와 연계해 3개의 습관을 매일 실천하고 있으며 총 소요 시간은 9분 5초로 10분 미만입니다. "Why this habit?"이라는 질문을 통해 작은 습관들을 왜 실천하고자 하는지 이유를 명기했습니다. 분명한 이유가 있는 습관은 그렇지 못한 습관에 비해 실천율이 높습니다. 실제로 작은 습관 참가자들의 경험을 통해 확인된 사실입니다.

앞의 습관 목록을 보면, 굳이 습관화하기 위해 공을 들여야 하나 싶을 정도로 아주 사소합니다. 목표를 작고 사소하게 설정한 이유는, 우리의 열정이나 몸 상태가 끊임없이 변하기 때문입니다. 충만했던 열정이 식거나 과로나 질병으로 몸 상태가 엉망일 때는 습관 실천을 건너뛸 수 있습니다. 야근을 한 후 지친 몸을 이끌고 집에 도착한 날에도 작은 의지력만으로 습관을 실천할 수 있을 만큼 그리고 최소 시간인 10분만 투자하여 100% 실행할 수 있을 만큼 하루 목표를 작게 잡아야 합니다. 하루 목표를 작게 잡으면 어렵지 않게 100% 실천할 수 있습니다.

작은 습관 실천은 95%가 아니라 100% 성공해야 합니다. 습관 자체가 아니라, 지속적인 작은 성공 경험을 통해 '관성의 법칙을 따르는 우리 뇌를 조금씩 변화시켜 나가는 것'이 작은 습관 실천의 궁극적인 목표이기 때문입니다.

유명한 스포츠 심리학자인 앨버트 반두라(Albert Bandura)는 사람이 무언가를 하면서 자신이 잘한다는 느낌을 받는 것을 자기효능감이라 했습니다. 자기효능감에 영향을 미치는 요소는 여러 가지가 있지만 직접 한 일에서 느끼는 성취감이 가장 강한 영향을 미칩니다. 자동차 운전을 처음 배울 때는 잘할 수 있을지, 사고를 내지 않을지 두렵지만, 막상 해 보고 나면 생각보다 어렵지 않다는 사실을 깨닫게 되고 자신이 의외로 잘한다는 생각에 자신감이 붙는 것과 같습니다. 그리고 이러한 자기효능감을 높이기 위해서는 '수행 성취'가 필요합니다. 일단 성공했다는 성취감을 맛보아야 다음 목표를 향해 전진할 에너지를 얻기 때문이지요.

그러나 처음에 남들의 시선을 의식하여 무턱대고 높은 목표를 세워 수행한다면 실패의 쓴맛을 다시 보게 되고, 자존감은 바닥에 떨어질 것이 자명합니다.

예컨대 이제 막 골프를 시작한 사람이 타이거 우즈처럼 드라이버로 300미터를 치려고 해서는 안 되겠지요. 처음부터 타이거 우즈와 같이 치려 하면 손에 힘이 들어가고 어깨는 경직되어 실수를 하게 마련입니다. 처음 목표는 작게 잡아야 합니다. 일단 공을 정확히 맞추는 것을 목표로 삼아야 합니다. 이것을 이뤘을 때 그 작은 성공에 기뻐하며 다음 목표로 나아가야 합니다. 작은 성공 경험이 쌓이고 쌓여 자기효능감과 함께 자신감을 높여 주는 까닭입니다.

작은 습관은 기존의 여러 전문가들이 주장해 온 습관 전략들과는 근본적으로 다릅니다. 작은 습관은 기존의 습관 실천 방법과는 차원이 다른 시도입니다. 작은 습관은 완벽주의의 함정을 탈피하고, 동기(감정) 의존도를 최소화하며, 재도전이 언제나 가능한 새로운 실천 전략입니다.

① 완벽주의 함정 탈피

작은 습관은 목표가 너무나 작기 때문에 완벽주의자들이 지향하는 4가지 요소, 즉 완벽한 장소, 완벽한 시간, 완벽한 준비물, 사람들의 시선을 의식한 높은 목표에 영향을 받지 않습니다. 작은 습관은 새로운 행동(습관)에 대한 뇌의 거부감을 최소화하여 습관으로의 첫걸음을 쉽게 내디딜 수 있도록 도와줍니다.

② 동기(감정) 의존 최소화

작은 습관은 감정이 아무리 엉망인 상태라도 하루 10분을 투자해 습관 3개를 모두 실천할 수 있을 만큼 너무나 사소합니다. 우리의 변덕스런 감성과 유한한 열정, 변화하는 주변 여건에 영향을 받지 않고 습관 실천에 성공할 수 있습니다.

③ 재도전이 언제나 가능

작은 습관 실천에 몇 번 실패해서 자신의 컴포트존(Comfort zone)으로 되돌아간다 할지라도, 내일 다시 한 발짝 걸어 나올 수 있습니다. 내년 1월 1일까지 기다릴 필요 없이 실패한 다음 날 바로 다시 시작할 수 있을 만큼 하루 실천 목표가 너무나 쉽고 작기 때문입니다.

④ 새로운 실천 전략

작은 습관은 새로운 전략입니다. 습관에 대한 거부감을 최소화하여 매일 조금씩 뇌를 변화시켜 주는, 바쁜 현대인을 위한 맞춤형 실천 전략입니다. 이제까지 여러분의 새해 결심이 작심삼일에 그친 원인은 여러분의 잘못이 아니란 것을 명심하길 바랍니다. 반복적으로 실패를 가져온 기존 전략들은 과감히 쓰레기통에 버리세요. 일상생활 속에서 저와 여러분 같은 보통 사람들이 검증하고 성공한 새로운 전략을 시도할 때입니다.

작은 습관의 실행 원동력인 **의지력**을 이해하는 것은 대단히 중요합니다. 왜냐하면 실행력이 습관을 만드는 데 결정적 역할을 하기 때문입니다. 안 하던 행동을 새롭게 해야 할 때는 동기나 의지력이 필요합니다. 그런데 동기부여 전략은 사람의 감정에 따라 기복이 심하여 흐트러지기 쉽습니다. 반면 의지력은 고갈되지 않는 한 믿고 기댈 수 있습니다. 의지력이란 어떠한 일을 이루고자 하는 마음을 꿋꿋하게 지켜 나가는 힘을 뜻합니다. 이런 의지력을 고갈시키지 않으려면 또는 굳건히 하려면 **자신의 목표가 무엇인지 상기시키면서, 유혹과 방해 요소에 휘둘리지 않고, 일단 강제적으로 어떤 행동을 시작해야 합니다.** 감정 상태가 엉망인 날도 그에 휘둘리지 않고 의지력을 통해 습관을 실천할 수 있습니다.

실행을 기피하는 사람들의 공통적인 특징은 "엄두가 나지 않는다"는 핑계를 입에 달고 다닌다는 것입니다. 그들은 왜 해야 할 일을 차일피일

미루곤 하는 걸까요? 그들은 종종 "할 기분도 아니고 마음의 준비도 되어 있지 않다"고 변명합니다. 한마디로 의욕이 없다는 것이지요. 무엇이든 하고자 하는 의욕이 있어야 몸을 움직일 텐데 의욕이 없으니 할 일을 못한다고 주장하는 것이지요. 그러나 사실은 그 반대입니다. 의욕이 있건 없건 우리 뇌는 몸이 일단 움직이기 시작하면 하던 일을 계속 하는 게 더 합리적이라고 판단합니다. 멈추는 데에도 에너지가 소모되기 때문입니다. 뇌 또한 '움직이는 물체는 계속 움직이려 한다'는 관성의 법칙을 훌륭히 수행하고 있음을 증명하면서, 독일의 정신의학자 에밀 크레펠린은 작동흥분이론(Work Excitement Theory)이라고 이름을 붙였습니다.

작동흥분이론은 우리가 일상에서 자주 경험하는 이론입니다. 예를 하나 들어 보겠습니다. 감기 몸살로 입맛이 하나도 없을 때 어머니가 미음이라도 먹어야 기운을 차릴 수 있다면서 꽉 다문 제 입으로 숟가락을 들이밀었습니다. 짜증을 내며 한두 번 저항했지만, 어머니가 포기하지 않을 것 같아 입을 열고 한 숟갈 꿀꺽 삼켰습니다. 그렇게 한 숟갈, 두 숟갈 먹다 보니 한 그릇을 뚝딱 비웠습니다. 일단 입이 음식을 먹기 시작하니, 뇌가 음식 먹는 일을 멈추는 데도 에너지가 소모되기 때문에 계속 음식을 먹게 놔두는 게 더 합리적이라고 판단한 것이지요.

또 다른 예를 들면, 아침에 알람 소리는 들었지만 몸이 천근만근일 때 침대에서 몸을 한 바퀴만 뒹굴자고 다짐해 보세요. 관성의 법칙에 의해 한 바퀴는 두 바퀴로 이어지고, 침대 밑으로 몸이 떨어지는 순간 잠은 달아

나고 의욕은 살아 돌아와 우리가 계속 움직이도록 도와줍니다.

'행동이 어떤 감정을 일으킨다'는 제임스□랑게 이론(James-Lange Theory)도 행동의 중요성을 강조합니다. 1884년 미국 심리학의 아버지라 불리는 윌리엄 제임스는 「감정이란 무엇인가」라는 논문을 발표했습니다. 논문에서 그는 "우리는 곰을 보고 무서워서 도망간다고 생각하는데, 사실은 도망가기 때문에 두려움을 느낀다"고 주장했습니다. 비슷한 시기에 덴마크 심리학자 카를 랑게도 같은 학설("울고 있기 때문에 슬픔을 느낀다")을 제시해 제임스□랑게 이론이 완성되었습니다. 이론의 요지는 '실행이 우선'이라는 것입니다. 행동하면 감정도 그에 따라 변합니다.

실행을 기피해 왔던 평범한 사람들의 핑계인 '의욕이 있어야 실행을 할 수 있다'는 논리는 더 이상 설득력이 없습니다. 작은 의지력으로 작은 습관을 시작만 하면 감정도 변하게 됨을 느낄 수 있을 것입니다.

너무나 작고 사소한 습관 3개의 힘

실천은 곧 매일 일정한 시간을 쏟아붓는 집중력과 반복 훈련을 의미한다.
구본형

저는 작은 습관 실천 프로그램 참가자(이후 '작은 습관 참가자')에게 습관 3개를 엄선하도록 조언하고 있습니다. 물론 작은 습관 실천 프로그램이나 습관 모임 등에 참가하지 않고 홀로 습관 실천을 할 경우 처음부터 습관 3개를 엄선할 필요는 없습니다. 1개 또는 2개의 습관을 실천해도 상관없습니다. 중요한 것은 습관 개수가 아니라 '매일 100% 실천'이니까요.

작은 습관 참가자에게 습관 개수를 3개로 정하도록 조언하는 이유는 2가지입니다. 첫 번째 이유는 저와 작은 습관 1기 참가자들이 뼈아픈 시행착오를 경험했기 때문입니다. 2016년 4월 저를 포함한 12명은 작은 습관 실천 프로그램을 시작하면서 하루 5개의 습관을 실천했습니다. 그러나 작은 습관 실천 3개월 만에 6명이 중도 포기하였고 실천율도 66%까지 곤두박질쳤습니다. 그래서 3개월째를 '죽음의 계곡'이라고 명명하였지요.

아래 그래프는 작은 습관 1기 참가자들이 지난 1년 동안 습관을 실천한 결과입니다. 2016년 4월부터 2017년 3월까지의 습관 실천 결과인데, 2016년 6월이 바로 죽음의 계곡이었습니다.

작은 습관 1기 월별 습관 성공률(%)

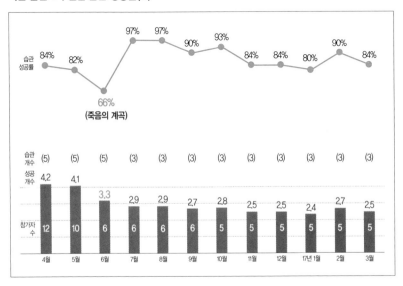

죽음의 계곡을 경험한 이후, 한 달에 한 번씩 진행하는 피드백 모임에서 습관 개수를 5개에서 3개로 줄이기로 결정했습니다. 작은 습관 실천 프로그램의 특징 중 하나는 매일 카카오톡(이후 '카톡')으로 습관 실천 결과를 공유하고 한 달에 한 번씩 피드백 모임을 열어서 습관을 얼마나 잘 실천했는지, 실패율을 낮추려면 어찌 해야 하는지 등에 대해 자유롭게 토론을 하

고 습관 실천 관리를 한다는 것입니다. 토론을 통해 얻은 결론은 습관 5개는 너무 벅차다는 사실이었습니다. 습관 개수가 많아서 자꾸 까먹는다고 했습니다.

스티븐 기즈에게 조언을 구하기도 했습니다. 그는 습관 5개는 작은 습관의 취지에 맞지 않기 때문에 3개로 줄이는 것이 좋겠다고 했습니다. 또한 습관을 여러 개 실천하는 것보다 습관 하나를 잘하려고 노력하는 것이 더 중요하다고 강조했습니다. 참고로, 스티븐 기즈도 최근 3년 동안 습관 3개(글쓰기 50단어, 책 읽기 2쪽, 팔굽혀펴기 1회)를 실천하고 있습니다.

다행히 습관 개수를 3개로 줄이자 죽음의 계곡을 무사히 통과한 6명은 그달 습관 성공률이 97%로 급상승했습니다.

두 번째 이유는 3이라는 숫자의 의미 때문입니다. 숫자 3에는 '완성'이라는 의미가 내포되어 있습니다. '셋으로 이루어진 모든 것은 완벽하다(Omne Trium Perfectum)'라는 라틴 명언처럼 숫자 3은 '완벽'을 의미합니다. 시간은 과거, 현재, 미래라는 3가지 구역으로 구성되어 있고, 빛의 삼원색은 빨강, 파랑, 초록이며 물체도 고체, 액체, 기체로 구분됩니다. 체계적인 교육에 필요한 지덕체(智德體) 또한 3가지 가치입니다.

작은 습관 실천 프로그램을 진행하면서 습관 개수를 3개로 정한 이유 중 하나가 바로 이 지덕체와 연관 있습니다. 지와 덕을 쌓기 위해 체력이 뒷받침되어야 한다는 논리입니다. 그래서 작은 습관 목록도 핵심 습관, 보조 습관, 운동 습관 등 총 3개 습관으로 정하도록 권유하고 있습니다.

여기서 핵심 습관이란 매일 실천하는 습관 3개 중 가장 중요한 습관이자 연간 목표와 연계된 습관입니다. 핵심 습관을 바꾸면 나머지 습관을 바꾸는 것은 시간문제일 만큼 뼈대를 이루는 습관입니다.

작은 습관 3기 참가자 중 30대의 워킹맘이 있습니다. 그녀의 직업적인 꿈은 독서 코칭 전문가입니다. 그녀는 현재 회사에서 회계 업무를 하고 있지만, 꿈을 실현하기 위해 올해 목표를 '독서 모임 월 6회 진행'으로 정하고 아래와 같이 월별 계획을 작성하였습니다.

월별 독서 모임(회)

2월	3월	4월	5월	6월	7월	8월	9월	10월	11월	12월	18년 1월
6회	6회	6회	6회	6회	6회	6회	6회	6회	6회	6회	6회

다음 단계로 연간 목표와 습관 목록을 연결합니다. 독서 모임을 매달 6회 진행하기 위해서는 한 달에 책을 6권은 읽어야 합니다. 따라서 매일 실천해야 할 핵심 습관은 '책 읽기 2쪽'으로 정했습니다. 핵심 습관을 보조하는 습관은 '글쓰기 2줄'로 정했는데, 독서 모임을 주관하기 위해서는 책을 읽고 생각을 정리할 필요가 있기 때문입니다. 그리고 운동 습관으로 '스쿼트 10회'를 실천하고 있습니다.

요약하면, 습관 개수를 3개로 정한 이유는 첫째, 죽음의 계곡이라는 시행착오와 피드백 모임, 스티븐 기즈의 조언을 종합적으로 분석했을 때 습관 3개가 최적이라고 판단했기 때문입니다.

둘째, 핵심 습관과 보조 습관 그리고 이 두 습관을 매일 실천하도록 기초 체력을 제공하는 운동 습관이 필요하다고 판단하여 하루에 실천할 작은 습관을 3개로 결정했습니다.

하루 10분, 목표는 작게 실천은 맘껏

행동을 뿌리면 습관을 거두고, 습관을 뿌리면 성격을 거두고, 성격을 뿌리면 운명을 거둔다.

조지 다나 보드먼(George Dana Boardman)

최근 습관에 관한 제 블로그 글을 읽고 많은 분들이 질문을 올려 주는데, 유독 자주 올라오는 질문이 있습니다. 다음과 같은 내용입니다.

"영어 공부, 재테크 공부, 독서. 이렇게 3가지를 습관으로
정착시키려 하는데요. 3가지 습관을 모두 실천하려면 최소 2~3시
간은 소요되는데, 과연 작은 습관이 맞을까요?"

이 질문에 제가 답변한 내용은 다음과 같습니다. 이 답변이 위와 유사한 궁금증을 갖고 있는 분들이 '하루 10분 작은 습관 실천'을 이해하는 데 도움이 되길 바랍니다.

"하루 10분이라고 정한 것은 최소 시간입니다. 이 최소 목표를 뛰어넘어 2~3시간 투자하여 초과 달성하는 것은 개인의 선택입니다. 저는 3가지 습관을 매일매일 실천하되 그것들을 수행하는 데 10분이 넘지 않게, 목표를 아주 작게 정하길 추천합니다. 예를 들어 영어 표현 3개 메모하기(2분), 재테크 책 2쪽 공부하기(3분), 책 2쪽 읽기(3분) 등으로 작은 습관의 실천 기준을 아주 작게 정하길 권합니다."

하루 목표를 초과 달성하는 것은 여러분의 자유입니다. 목표는 작지만, 실천은 맘껏 하시면 됩니다. 다시 한 번 설명하자면 목표를 작게 잡는 이유는, 작은 의지력만으로 실천이 가능하여 매일 작은 성공을 이어 갈 수 있기 때문입니다. 너무 높은 목표는 우리가 시도할 엄두를 못 내게 하거나 미루거나 외면하게 만들어, 결국 포기하게 만듭니다. 작은 목표는 매일매일 작은 성공을 이끌어 냅니다. 이런 작은 성공들이 매일 쌓이면 우리의 뇌도 새로운 행동에 익숙해지고 마침내는 습관이 몸에 배는 것입니다.

어느 날 재테크 공부에 꽂혀서 3시간이나 공부했다면 나머지 습관 2개를 실천하는 데는 5분이면 충분합니다. 그런데 만약 영어 공부 1시간, 독서 1시간을 목표로 잡았다면 나머지 습관 1개는 실천에 실패할 확률이 높습니다. 오늘의 1% 실패는 내일의 2% 실패가 될 수 있고, 어쩌면 '포기'라는 극단적인 선택으로 이어질 수 있습니다. 실패의 연속은 한마디로 습관에 독버섯과 같지요. 경계해야 할, 최대의 적입니다. 왜냐하면 작은 습관의 제1원칙은 '매일 100% 성공'이기 때문입니다. 그래야 포기하지 않고 꾸준히 습관을 만들어 나갈 수 있습니다. 작은 목표 설정의 논리는, 다시 한 번 말하지만 우리 뇌의 특성과 연관 있습니다. 우리 뇌가 거부감을 느끼지 않도록 매일 작은 실천을 통해 변화를 적응시켜야 합니다.

다만 염려되는 부분은, 앞의 블로그 질문자가 달성하고자 하는 습관 목표(영어 공부, 재테크 공부, 독서)가 광범위하게 퍼져 있다는 것입니다. 습관 실행자 자신의 개인적 또는 직업적 꿈과 연계될 때 실행의 폭발력이 생길 뿐 아니라 실천율도 높고 오래 지속할 수 있습니다. 블로그 질문자가 실천하고자 하는 습관 3개를 잘 살펴보면, 이것저것 관심 분야가 많아 보입니다. 꿈과 습관 사이의 연결성이 헐거우면 오래가지 않아 '습관이고 뭐고 모르겠다'라며 포기하기 쉽습니다.

작은 습관 실천 프로그램의 누적 통계 자료에 따르면, 습관과 꿈(목표)을 연결시켜 습관 목록을 정하지 않은 참가자들은 3개월 정도 지나면 포기도 많이 하고 실천율도 현저히 떨어졌습니다. 12명의 참가자로 시작한 작은 습관 1기는 3개월 만에 6명이나 중도 포기하였고, 습관 실천율도 전월 82%에서 66%까지 곤두박질쳤습니다. 이런 이유 때문에 습관 실천에 있어 초기 3개월은 죽음의 계곡을 지나는 것과 같습니다. 그 죽음의 계곡을 무사히 지나야만 비로소 인공호흡기를 떼고 습관 스스로 숨을 쉴 수 있지요.

작은 습관 참가자들 가운데 무사히 죽음의 계곡을 지나 지속적으로 습관을 실천해 나가는 사람들은 거의 대부분 꿈과 습관을 연계하고 있습니다. 작은 습관 실천에 성공했을 때 자신의 목표나 꿈에 더 가까이 갔다는 심리적 보상을 받기 때문입니다. 꿈은 습관의 엔진에 연료를 공급해 준다고 해도 과언이 아닙니다.

한 가지 덧붙이자면, 습관 목록은 아주 구체적으로 정해야 합니다. 습관 실천 여부를 명확하게 판단할 수 있도록 말입니다. 습관 목록을 '영어 공부 하기'라고 정한다면 성공 여부의 기준이 모호해집니다. '영어 회화 표현 3개 쓰고 외우기(2분)'처럼 구체적으로 설정하길 바랍니다.

나에게 필요한 작은 습관은?

생각해 보자.

· 나의 개인적 꿈(목표)은 무엇인가?

· 나의 직업적 꿈은 무엇인가?

· 앞으로 1년간 실천하고 싶은 목표(습관, 새해 다짐 등)는 무엇인가?

· 꿈을 위해 새롭게 실천하면 좋은 습관으로 무엇이 있을까?

· 나에게 필요한 3개의 습관을 찾아보자.

　① 핵심 습관: 목표 달성에 필요한 습관

　② 보조 습관: 핵심 습관을 보조하는 습관 또는 목표 달성에 필요한 두 번
　　째 습관

　③ 운동 습관: 목표 달성에 필요한 기초 체력을 키우는 습관

· 3개의 습관을 모두 실천하는 데 필요한 시간이 10분 이내가 되도록 하루
　목표(실천 양)를 낮게 잡자.

· 3개의 습관을 실천하는 이유(Why this habit?)를 생각해 보자.

이제 아래의 표를 채워 보자.

앞에서 나온 작은 습관 목록(이 책 49쪽)을 참조해도 좋다.

나의 작은 습관 만들기

- 개인적인 꿈:

- 직업적인 꿈:

- 1년 목표:

하루 습관	소요 시간	Why this habit?
1.		
2.		
3.		

아직 나의 목표나 꿈에 확신이 없어도 상관없다. 꿈과 목표가 확실해질 때까지는 자신의 롤모델이나 닮고 싶은 친구, 동료, 선배의 좋은 습관을 참고해 따라 해도 괜찮다.

나중에 꿈과 목표가 분명해지고 정말 하고 싶은 일이 생기면 나만의 습관 목록을 만들어 실천하자.

뇌는 작은 습관을 좋아한다

뇌와의 게임에서 승리하고 싶다면
작은 습관을 매일 조금씩 천천히 실천하라.

새로운 습관을 형성하는 과정은 자신과의 지난한 싸움입니다. 우리 뇌와의 끊임없는 줄다리기와도 같지요. 새로운 행동을 습관화하는 과정에서 우리 뇌는 가장 중요한 결재권자 역할을 합니다. 만약 여러분이 습관으로 만들고 싶은 새로운 행동, 예를 들면 다이어트, 금연, 운동 등이 있다면 뇌의 허락을 받는 것이 첫 번째 관문입니다.

평소 7시에 기상하는 사람이 큰 목표를 세우고 바로 다음 날부터 새벽 4시에 일어나려 한다면 뇌가 느끼는 거부감은 엄청 클 것이 자명하지요. 4시가 아니라 5시에 일어나려 한다면 어떨까요? 뇌의 거부감은 여전하겠지만 4시보다는 훨씬 덜할 것입니다. 그리고 6시 기상은 5시 기상보다 거부감이 덜할 것입니다. 다시 말해 기존 습관인 7시 기상과 큰 차이가 없는 작은 변화, 예를 들어 6시 50분 기상은 뇌가 눈치채지 못할 만큼 작은 변화이기 때문에 새로운 습관을 형성하기가 상대적으로 수월합니다.

뇌의 입장에서 조금 더 생각해 보도록 하지요. 그러고 보니 우리는 늘 우리 입장에서만 생각하는 못된 버릇이 있네요. 습관 형성의 중추인 뇌의 의중이나 부담을 파악하는 것이 무엇보다 중요한데 말입니다.

뇌도 우리처럼 될 수 있으면 하루 종일 놀고, 먹고, 쉬고 싶어 합니다. 또 되도록 익숙하고 편한 것을 추구합니다. 기존 습관들과 평화롭게 지내던 뇌에게 불청객과 다를 바 없는 새로운 행동이 불쑥 찾아오면 경계심을 품고 긴장할 수밖에 없겠지요. 뇌가 다시 예전처럼 평화로운 상태가 되려면 침입자인 새로운 행동이 기존 습관과 마찬가지로 일상적인 반복 행동이라고 뇌가 믿게 만들어야 합니다.

그렇다면 다음으로 "어떻게 하면 뇌가 새로운 행동을 기존 습관과 동일한 것으로 믿게 만들 수 있을까?"라는 질문이 떠오르겠지요. 우리 뇌에는 전전두엽과 기저핵이 있습니다. 전전두엽은 새로운 행동이나 욕망을 담당하고 기저핵은 과거 습관을 담당합니다. 과거 습관을 담당하는 기저핵 입장에서 보면, 전전두엽이 초대한 새로운 행동(다이어트, 금연, 운동 등)이 불편하니 일정 기간 거부감을 드러내면서 기존 습관을 유지하려는 경향이 있겠지요. 이 과정에서 전전두엽과 기저핵은 서로 쉴 새 없이 줄다리기를 하고, 이 둘의 기 싸움으로 뇌는 계속 에너지를 소비하면서 휴식을 취할 틈이 없게 됩니다.

그러나 새로운 행동이 기존의 습관처럼 일상적으로 반복되는 행동으로 인식되는 순간, 기저핵은 새로운 행동에 거부감을 보이지 않게 되고 그만큼 신경을 쓰지 않아도 되니 편안한 휴식을 취할 수 있습니다. 새로운 행동이 불청객이 아니라 신뢰할 수 있는 반가운 손님이라고 판단을 내리기까지는 시간이 필요하겠지요. 뇌가 탐색하고, 평가하고, 적응할 시간을 충분히 주어야 하는 이유입니다. 따라서 뇌가 새로운 습관을 기존 습관처럼 동일하게 믿고 편안하게 느끼기까지, 성급하게 보채지 말아야 합니다. 역효과가 나타나거나 습관 만들기 실패의 아픔을 반복할 위험이 높기 때문입니다.

이런 의미에서 작은 습관은 뇌에 거부감을 거의 주지 않으면서 새로운 습관 형성을 도와주는 획기적인 전략이지요.

서두르고 보채면 일을 그르친다는 교훈을 주는 재미난 놀이가 있습니다. '무궁화 꽃이 피었습니다' 놀이입니다. 술래의 눈에 작은 움직임도 포착되지 않으려면, 도전자들은 조금씩 재빨리 앞으로 나아가야 하지요. 그러나 게임에서 빨리 이기려는 욕심에 술래가 있는 방향으로 여러 걸음 뛰어가는 순간, 술래에게 잡혀 포로가 되고 이길 기회는 사라집니다.

이 재미있는 게임의 법칙이 작은 습관과 뇌의 관계에 그대로 적용됩니다. 뇌는 술래이고 새로운 행동은 도전자이지요. 술래인 뇌가 눈치채지 못하게 작게 조금씩 움직여 나가다 보면 게임에서 승리할 수 있습니다.

여러분도 뇌와의 게임에서 승리하고 싶다면 작은 습관을 매일 조금씩 천천히 실천하길 바랍니다. 그러면 어느덧 여러분의 습관 만들기 프로젝트에도 성공의 꽃이 활짝 피어날 것입니다.

매일, 조금씩, 올바르게 실천하라

> 처음에는 우리가 습관을 만들지만 그다음에는 습관이 우리를 만든다.
>
> 존 드라이든(John Dryden)

아무리 훌륭한 이론도 생각에만 머문다면 공염불에 불과합니다. 수 많은 사람들이 좋은 습관을 통해 삶의 변화를 꿈꾸지만, 극히 소수의 사람들만이 새로운 습관 만들기에 성공하는 것이 현실입니다. 그 차이는 바로 **실행력**입니다.

작은 습관 실천 프로그램에 참가한 평범한 사람들이 매일 습관을 실천하도록 독려하기 위한 일환으로 창안한 구호가 있습니다. 바로 작은 습관 2대 원칙과 3대 실천 규칙입니다. 이 구호는 스티븐 기즈의 작은 습관에서 아이디어를 얻었습니다.

작은 습관 2대 원칙과 3대 실천 규칙은 복잡하고 빠른 변화 속에서 치열하게 하루하루를 살아가는 우리에게 최적화한 원칙과 실천 규칙입니다.

작은 습관 2대 원칙

작은 습관 제1원칙은 '**매일 100% 성공**'입니다. 95% 성공은 다른 분야 평가 기준으로는 A등급을 받기 충분하지만, 작은 습관 관점에서는 위험한 수치입니다.

95% 성공은 달리 표현하면 5%의 실패를 의미합니다. 새로운 행동에 매일 조금씩 익숙해져야 하는 뇌의 입장에서, 5%의 실패는 새로운 행동에 친숙해지려는 순간 다시 낯선 행동으로 느껴지는 빌미를 제공합니다.

작은 습관 제2원칙은 '**제1원칙을 반복**'하는 것입니다. 1만 시간 동안 지속하든 그 이상 또는 그 이하 시간을 지속하든, 여러분의 꿈이 더 이상 꿈이 아닌 일상생활이 될 때까지 습관을 무한 반복해야 합니다. 따라서 일관성 유지는 습관의 숨통과도 같습니다. 일관성 유지를 위해서 작은 성공을 무한 반복하여 숨이 멎지 않고 계속 전진할 수 있도록 각별히 유의해야 합니다.

작은 습관 3대 실천 규칙

작은 습관 3대 실천 규칙은 '**매일, 조금씩, 올바르게**'입니다.

'매일'이란 규칙은 작은 습관 제1원칙인 '매일 100% 성공'을 강조한 실행 규칙입니다. 하루도 빠짐없이 습관 3개를 100% 실천해야만 뇌가 새로운 행동을 일상적인 행동으로 인식하게 되고, 나중에는 아무런 거부감 없이 습관으로 받아들일 수 있기 때문이지요.

　'조금씩'이라는 규칙은 하루 10분, 즉 하루 24시간의 0.7%를 투자하여 뇌가 눈치채지 못할 만큼 작은 습관 3개를 매일 실천하라는 의미입니다. 뇌는 급격한 변화에 강한 거부감을 표출합니다. 충분히 이해합니다, 여러분들은 의욕적이고 야망이 크며 빠른 결과를 원한다는 것을. 그러나 빨리 가는 것보다 멀리 가는 것이 더 중요합니다.

● 조금씩 변화를 이끌어 낸다는 것

　제 아내는 부동산 투자에 관심이 많은 반면 저는 부동산에 아무런 관심이 없었습니다. 아내가 부동산 강의를 듣기 위해 평일 저녁 시간을 소비하는 것이 이해가 되지 않았습니다. 운전하는 제 옆에서 아내가 부동산 투자 정보를 설명하면서 어느 지역이 저평가되었고 요즘 뜨는 지역은 어디라고 열변을 토할 때마다 겉으로 옅은 미소를 지어 보여도 머릿속으로는 딴생각을 했습니다. 아이들은 신경도 쓰지 않고 강의를 너무 자주 들으러 다니는 것 같아 짜증을 내거나 화를 낸 적도 있습니다.

　하루는 회사 근무 중에 아내에게서 카톡이 왔습니다. "정말 미안한데, 오늘 비싸게 신청한 강의에 회사 일로 못 갈 것 같아. 당신이 대신 가서 교재 받고 강의 녹음해 주면 안 될까?" 강의료가 환불이 되지 않음을 재차 확인하고 나서, 아내의 부탁을 들어주기로 했습니다. 강의 장소로 가면서 혼자 엄청 투덜거렸습니다. 운이 좋았는지, 강의 내용이 부동산 투자보다는 한국 경제와 정치 전략에 따라 부동산 정책과 그 흐름이 어떻게 변화하는지에 초점이 맞춰져 있었습니다. 강사가 설명을 어찌나 잘하는지, 제 노트는 어느새 화려한 색깔의 글씨들로 가득 찼습니다. 집에 오자마자 이번에는 제가 아내에게 그날 배운 강의 내용에 대해 열변을 토했지요.

그 이후 아내는 저에게 같은 전략을 구사했고, 저는 알면서도 조금씩 천천히 그 전략에 넘어가 주었습니다. '부동산 경매', '월급쟁이 부자 되는 법' 등 몇 가지 강의를 들으면서 저의 뇌 속에서 부동산 투자에 대한 거부감이 조금씩 천천히 사라졌습니다.

내가 공부하고 익힌 것을 누군가에게 알려주다 보면 그 자신의 실행력이 높아집니다. 알코올 중독자가 자신의 아픈 과거를 다른 알코올 중독자들에게 이야기하면서 스스로 알코올 중독에서 벗어났다는 사례들 또한 이야기하고 가르치는 것이 실행력을 높여 준다는 좋은 증거입니다.

마지막으로 '올바르게'라는 규칙은 스티븐 기즈의 작은 습관과 차별화하여 21세기를 살아가는 평범한 한국인이 작은 습관을 실천할 수 있도록 고안한 규칙입니다.

'올바르게'라는 규칙의 내용은 다음과 같이 구성했습니다.

① 꿈 또는 목표와 연계해 습관 목록 정하기
② 습관 실천 보고서를 통해 피드백 및 보상 제공하기
③ 중간 점검을 통해 목표 관리하기
④ 피드백 모임 갖기

'올바르게'라는 규칙의 4가지 항목은 작은 습관을 실천하는 평범한 사람들을 위해 최적화된 실천 기술입니다.

여기서 잠깐, '올바르게'라는 실천 규칙이 어떻게 탄생했는지 이야기하겠습니다. 작은 습관 실천을 시작하고 3달이 지난 2016년 7월 초, 작은 습관 실천 보고서는 우리에게 경악할 만한 경고의 메시지를 던져 주었습니다.

첫째, 총 참여 인원 12명 중 6명이 포기를 선언했습니다. 둘째, 작은 습관 실천율이 전달 82%에서 66%로 급격히 하락했습니다. 특단의 조치가 필요한 시점이었습니다. 참여 회원들과 피드백 모임을 가졌고, 스티븐 기즈에게 이메일을 보내 조언을 구했습니다. 그리고 그에게서 답장을 받았습니다.

"제가 보기에, 문제는 그 습관 목록들이 작은 습관이 아니라는 데 있습니다. 책 읽기 10쪽이나 15쪽은 작은 습관이라고 하기에는 너무나 커다란 목표입니다. 여러분이 실패를 경험하는 것은 거부감이 상당히 높기 때문이며, 거부감이 높다는 것은 목표가 너무 크다는 의미입니다."

우리들은 스스로가 정한 습관 목록을 다시 한 번 살펴보았습니다. 그리고 자기 자신에게 질문을 던졌습니다.

첫째, 우리가 정한 습관 5개의 목표가 너무 높은 것은 아닌가? 작은 습관은 실행하는 데 소요되는 시간이 10분이면 충분할 만큼 너무 쉬워서(팔 굽혀펴기 5회, 글쓰기 2줄, 책 읽기 2쪽 등) 우리 뇌가 거부감 없이 그것들에 길들여져야 합니다. 그렇게 점진적으로 습관화해야 합니다. 그런데 2016년 4월부터 6월까지 우리들의 습관 목록은 5개나 됐으며, 시간의 제약을 두지 않았습니다.

둘째, Why this habit? 즉, 습관 목록으로 정한 이유가 무엇인가? 어떤 습관에 힘을 쏟을 가치가 있는지 알아내는 가장 좋은 방법은, 그것을 습관화하기 원하는 근본적인 이유를 찾는 것입니다. 주변 사람들이 다 하는 일이니까 아니면 남들이 내게 바라는 일이니까 한다는 식의 태도는, 옳지 않습니다. 예를 들어 '아침 6시 기상'을 습관 목록으로 정하고 실천하기로 했다면, 왜 6시에 일어나야 하는지, 일어나서 무엇을 하고 싶은지 그리고 그것을 통해 이루고자 하는 궁극적인 목표는 무엇인지 등의 질문을 자기 자신에게 던져 보아야 합니다. 그 답을 찾다 보면, 그 습관의 가치를 알아

넬 수 있습니다. 분명한 이유가 생기면 하고 싶은 욕구도 자연스레 높아집니다.

우리는 질문과 반성 그리고 피드백 모임을 통해 아래와 같은 4가지 변화를 도입하기로 결정했습니다.

① 작은 습관 5개를 3개로 축소
② 3개의 습관을 실천하는 시간을 10분 이내로 제한
③ 개인적 또는 직업적 꿈과 습관을 연결 (Why this habit?' 고민)
④ 대체 습관 활용 (주말 또는 여행, 출장 등 특수한 날)

하루에 습관을 몇 개 실천하느냐가 중요한 것이 아니라 하나의 습관이라도 100% 실천하여 우리의 삶이 매일 조금씩 변화하고 성장하는 것이 더 중요하다고 믿기 때문이었습니다.

새롭게 도입한 4가지 변화가 과연 습관 실천율을 얼마나 높일지 무척 궁금했습니다. 또 한편으로 설레기도 했습니다. 왜냐하면 우리는 실천 방법의 변화를 결정하면서, '작은 습관'이란 본질에 조금 더 가까이 다가갈 수 있었기 때문입니다.

우리는 남들이 정한 높은 목표를 무작정 따라 하려는 완벽주의자들의 함정에서 빠져나왔으며, 습관 목표를 아주 작게 설정함으로써 변덕이 심하고 점차 소진되는 감정(열정)에 대한 의존도를 과감히 낮췄습니다.

놀랍게도, 효과는 기대 이상이었습니다. 아래 그래프는 2016년 4월부터 7월까지 4개월간 습관 성공률 및 성공 개수 변화를 보여 줍니다.

월별 습관 성공률(%)

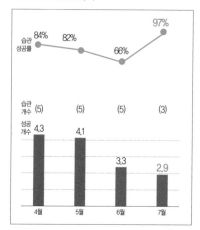

	4월	5월	6월	7월
습관 개수	5	5	5	3
성공 개수	4.2	4.1	3.3	2.9
습관 성공률	84%	82%	66%	97%

6월과 7월을 비교해 보면, 작은 습관 성공률이 66%에서 97%로 31%나 향상되었습니다. 7월부터 적용한 4가지 변화는 '올바르게'라는 실천 규칙이 습관 실천율에 얼마나 공헌하는지 여실히 보여 줍니다.

자투리 시간 10분

2019년 현재 우리는 너무나 바쁜 하루하루를 살아가고 있습니다. 삼시 세끼는 그럭저럭 챙겨 먹지만, 우리의 꿈과 목표는 굶주림에 점점 말라 갑니다. 그도 그럴 것이 우리의 삶은 너무 고단하고 해야 할 일이 많습니다. 당장 눈앞에 닥친 일을 처리하기에도 시간이 부족합니다. 우리의 꿈을 돌아볼 여유가 없음이 충분히 이해되고도 남습니다.

그렇게 하루하루 지내다 보면, 새해 첫날 떠오르는 붉은 태양을 보며 했던 다짐은 어느덧 공염불이 됩니다. 자신의 게으름과 나약함을 탓하며 자괴감에 빠집니다.

우리는 왜 매번 작심삼일이란 함정에 빠질까요? 반성하고 후회했음에도 왜 매번 습관 만들기에 실패할까요? 그것은 우리가 잘못된 습관 전략을 사용하고 있기 때문입니다. 현대인에게 시간은 금과 같습니다. 한정된 24시간을 쪼개고 쪼개, 우선순위를 정해서 실행해야만 정해진 목표에 근접하거나 목표를 달성할 수 있습니다.

이런 관점에서 보면, 작은 습관은 분명 새로운 전략으로 손색이 없습니다. 하루 10분만 투자하여 작은 습관 3개를 꾸준히 실천하면, 우리가 목표를 향해 꾸준히 나아갈 수 있도록 도와주기 때문입니다.

습관에 투자할 시간적 여유가 없다고, 걱정부터 하지 않길 바랍니다. 하루 10분입니다. 작은 습관은 자투리 시간만 잘 활용해도 충분히 실천 가능한, 바쁜 현대인을 위한 맞춤형 전략입니다.

우선 자투리 시간을 대하는 태도를 바꾸어야 합니다. 커피숍에서 친구를 기다리는 10분, 버스를 기다리는 5분, 영화 대기 시간 8분 등 우리 일상을 가만히 들여다보면 짧은 자투리 시간을 찾을 수 있습니다. 행운과도 같은 시간입니다. 2년 전까지만 해도 저 역시 자투리 시간에는 당연하게 휴대폰으로 스포츠 기사를 읽거나 웹툰을 보거나 온라인 게임을 했습니다. 그렇게 시간을 죽이며 다음 이벤트까지의 지루한 기다림을 모면하려 했습니다.

그러나 지금은 가방에서 책을 꺼내 읽습니다. 때로 줄을 치고 메모도 합니다. '죽이는 시간'을 '관리하는 시간'으로 활용하는 습관을 갖게 된 겁니다.

저의 '글쓰기 2줄' 습관도 자투리 시간을 활용하여 실천하고 있습니다. 밥은 누군가 숟가락으로 떠먹여 줄 수 있지만, 배설은 혼자 힘으로 해야 합니다. 글쓰기도 마찬가지입니다. 실제로 저는 화장실에 들어가 앉아서 배설을 하며 글을 쓰곤 합니다. 배설을 할 때, 돋보기로 종이를 태울 수 있을 만큼 초집중합니다. 글이 정말 잘 써집니다.

저는 회사에서나 집에서나 화장실에 갈 때마다 일부러 휴대폰을 들고 갑니다. 화장실에서 소비되는 자투리 시간에 글 쓰는 습관을 실천합니다. 2년 전까지만 해도 상상도 하지 못했던 일입니다. 좌변기에 앉자마자 휴대폰 메모장을 열고 아이디어가 휘발되기 전에 후다닥 몇 문장 써 내려갑니다. 영감이 찾아온 날은, 그래서 화장실에 조금 오래 앉아 있는 날도 있지요. 나중에 초벌구이 한 글을 다시 읽을 때면 뿌듯한 마음이 절 에워싸는 행복을 느끼기도 합니다.

별다른 영감이 떠오르지 않는 날은, 이전에 쓰다 만 글 중에서 구미가 당기는 글을 찾아 이어서 씁니다. 중요한 것은 의식적으로 그리고 조금 강제적으로, 휴대폰을 들고 화장실에 가서 글을 쓰라고, 뇌에 메시지를 반복해서 전달하는 것이지요. 그런 노력의 결과로 이젠 화장실에서 글쓰기가 일상이 되었습니다.

회사라는 조직에서 화장실은 짧게나마 자유를 맛볼 수 있는 작은 닫힌 공간입니다. 자유라는 의미와 화장실 1칸이라는 공간이 상충된다고 생각할 수 있습니다. 그러나 제가 강조하는 자유는 물리적 공간의 크기보다는 상상의 자유를 의미합니다. 업무를 보는 책상머리 앞에서는 눈치를 볼 수밖에 없습니다. SNS로 회사 밖 동지들과 정신적 교감을 나누도록 허락할 만큼 회사는 호락호락하지 않기 때문이지요. 반면에 화장실은 잠시 긴장을 풀고 쉴 수 있는 공간입니다.

글쓰기 습관을 화장실에서 완료하면 성취감도 느낄 수 있지만 무엇보다 마음을 정리하고 나를 진정시키는 효과가 있습니다. 과거에 저는 상사의 예기치 못한 잔소리나 부당한 업무 지시에 스트레스를 많이 받았습니다. 상사에 대한 원망과 자기 자신에 대한 질책으로 감정의 낭비가 심했지요. 다시 업무로 돌아와 집중하는 데도 상당한 시간이 걸렸습니다. 심지어는 퇴근 후 친구를 만나 저의 억울함을 이야기하고 상사를 성토하였습니다. 친구로부터 억지스런 위로라도 받아야 감정의 응어리를 조금 풀 수 있었습니다.

하지만 글쓰기 습관을 실천하면서 직장에서 스트레스를 대하는 저의 태도가 바뀌었습니다. 인간관계 스트레스나 업무 스트레스를 받을 때면 일단 화장실에 들어가 글을 끼적입니다. 그러다 보면 흥분된 감정이 가라앉고 이성적 잣대로 그 상황을 재해석할 수 있습니다. 상대방의 입장을 생각해 보기도 합니다. 예전 같으면 퇴근할 때까지 그 곤욕스런 상황을 머릿속에서 재방송하고 괴로워했겠지만, 지금은 글쓰기를 통해 쓸데없는 에너지의 낭비를 최소화하고 다시 업무에 집중할 수 있게 되었습니다.

자투리 시간을 이용해 글을 쓰기 좋은 또 다른 장소는 출근 버스를 기다리는 곳입니다. 저는 늘 약속 시간보다 10분 정도 일찍 도착하는 버릇이 있습니다. 그래서 출근 버스가 정차하는 장소에도 늘 10분 일찍 도착합니다. 이른 아침 출근길, 어제 읽었던 책의 한 구절이 갑자기 떠오르면 그 주제에 대해 글을 씁니다.

고백하건대, 글쓰기는 오래전부터 제 습관 목록 중 하나였고 실천하기 가장 힘든 습관이었습니다. 그러나 요즘엔 화장실이든 출근길이든, 글을 쓰는 행위를 저의 뇌가 즐겁게 받아들이고 있습니다. 놀라운 변화이지요. 습관 실천 6개월이 지나니, 가장 어려운 도전이었던 글쓰기가 가장 희열을 느끼는 습관이 되었습니다. 심지어 하루라도 글을 쓰지 않으면 어딘가 허전하고 심적으로 불편한 단계까지 이르렀습니다. 감히 "습관이 단단히 형성되었다"라고 할 만한 수준이 되었습니다.

자투리 시간만 잘 활용해도 여러분이 계획한 '꿈의 밭'을 일구며 살 수 있습니다. 작은 습관은 누구나 언제 어디서나 쉽게 시작할 수 있으니까요. 또한 작은 습관은 놀라운 잠재력을 품고 있습니다.

여러분도 마치 시골 농부처럼 정직하게 땀 흘려 습관을 실천하고 꿈의 밭을 경작했으면 합니다. 간혹 일상의 고단함으로 또는 시련의 아픔으로 습관 실천을 소홀히 할 수 있습니다. 그러나 걱정하지 마세요. 밤하늘의 작은 습관이란 북두칠성이 당신의 길을 비추어 주고 올바른 길로 당신을 인도해 줄 것입니다.

PART
03

나의 인생을 바꾼
하루 10분 습관 3개

새벽 4시 반, 하루를 시작하다

습관이란 인간으로 하여금 그 어떤 일도 할 수 있게 만들어 준다.

표도르 도스토옙스키(Fyodor Dostoevsky)

작은 습관 또는 습관이 가져다주는 놀라운 변화 이야기를 주변 사람들에게서 많이 들었습니다. 책도 여러 권 읽었습니다. 그럼에도 약간의 의심이 남아 있었습니다. 담배 하나 끊는 데 몇 번이나 실패를 거듭했기 때문입니다.

하지만 1년 남짓 작은 습관 실천에 성공하면서 습관의 기적에 대한 의심은 봄날의 눈처럼 사르르 녹아 버렸지요. 이 책을 읽고 있는 여러분들도 이제까지 습관 만들기를 시도했지만 잘못된 전략으로 여러 번 실패를 경험해 보았을 겁니다. 그래서 습관을 들인다는 것이, 즉 어떤 새로운 행동을 꾸준히 실천한다는 것이 얼마나 힘들고 고단한지 잘 알고 있을 거라고 생각합니다. 작은 습관의 기적에 대해서도 의심의 눈초리를 보낼 수밖에 없지요. 어쩌면 마음속으로 이런 질문을 던지고 있을지도 모릅니다.

'작은 습관을 실천해서 실제로 뭐가 변하긴 했나요?'

솔직히 말해, 이 글을 쓰고 있는 지금 이 순간에도 조심스러운 부분이 있습니다. 나에게 찾아온 놀라운 변화가 어떤 사람에겐 아무것도 아닌데 침소봉대하는 것은 아닌지 하는 생각 때문입니다.

그런 제가 책을 쓰기로 결심한 이유는 하나입니다. 제가 경험한 이 놀라운 변화가 여러분에게도 반드시 찾아온다는 사실을 알려드리고 싶었습니다. 왜냐하면 저와 같이 게으르고 우유부단한 사람에게 커다란 변화가 찾아왔기 때문입니다. 자존감도 약해 사소한 질타에도 우울해하고 스트레스를 받던 저였습니다. 책도 3년 동안 한 권도 읽지 않을 만큼 게을러터진 사람이었습니다.

우연히 참가한 세미나에서 지난 3년간 읽은 책 제목을 적어 오라는 숙제를 받고 큰 충격을 받았었지요. 책장을 살펴보니 몇 권의 책이 잘 꽂혀 있었지만, 모두 5년 전에 읽은 책들이었습니다. 그 책들 한쪽에는 관세사 시험을 준비한다고 사 둔 수험서가 젊은 연식을 뽐내며 꽂혀 있었지요.

부모로서도 낙제점이었습니다. 회사 일 때문에 피곤하다는 이유로 아이들과 거의 놀아 주지 않는 불량 아빠였습니다. 아내에게는 불평만 늘어놓는 간 큰 남편이었습니다. 또 운동이라곤 숨쉬기 운동이 전부여서 배가 하루가 멀게 계속 솟아오르고, 이래저래 쌓이는 스트레스는 모두 술과 담배로 풀었습니다. 그렇게 6년이란 시간을 무의미하게 보냈습니다. 그전에는 학위 취득을 목표로 40이란 늦은 나이에도 열심히 공부했기 때문에 심장이 짧게나마 뜨거웠지요.

그런데 6년 동안 차가웠던 제 심장에 봄이 찾아왔습니다. 작은 습관이란 새싹이 피어올랐지요.

어느 날 다섯 살 된 작은딸을 재우려고 밤 11시에 침대에 함께 누웠습니다. 늘 그렇듯 잠을 안 자려는 딸과 30분 정도 실랑이를 했습니다. 통과의례지요. 그러다 저도 모르게 딸 옆에서 스르르 잠이 들었습니다. 딸을 재우고 나서 책을 읽고 글을 쓰려던 계획이 틀어지는 순간이었지요.

이튿날 이른 새벽에 잠이 깼습니다. 시계를 보니 새벽 2시가 조금 지나 있었습니다. 늦잠을 자서 출근 시간을 놓친 사람처럼 용수철 팅기듯 침대 밖으로 튀어나왔습니다. 제 몸이 그리 빠르게 움직일 수 있다는 사실에 흠칫 놀라기까지 했지요.

방을 나서자마자 화장실로 들어갔고 볼일을 본 후에 양치질을 하고 세수를 했습니다. 그러고 나서 책상에 앉아 컴퓨터를 켜고 글을 썼습니다. 평소 회사를 오가며 휴대폰 메모장에 써 둔 글을 이메일로 컴퓨터에 옮겨서 수정, 보완합니다. 메모장의 글을 워드 프로그램에서 열고 다시 한 번 읽으면서 수정하거나 보충하지요.

그날 새벽 한 편의 글을 다 썼을 때 문득 하나의 질문이 떠올랐습니다.

'도대체 이 새벽에 나를 용수철처럼 벌떡 일어나게 만든 원동력은 무엇이었을까?'

시험을 하루 앞둔 학생처럼 긴장을 한 것도 아니었고 여행을 떠나기 전 설렘과 행복감에 잠이 깬 것도 아니었습니다. 악몽을 꾼 것도 아니었고 긴급한 생리 현상을 해결해야 할 상황도 아니었습니다. 그렇다면 과연 이유가 뭘까?

그전까지 저는 '나 혼자만의 시간'을 바랐지만, 시간이 늘 없었습니다. 혼자 조용히 책도 읽고 생각도 정리하고 글을 쓰면서 행복을 느끼고 싶은데 쉽지 않았지요. 직장인, 아빠, 남편, 아들 역할을 다 소화하기에도 늘 시간이 부족했던 까닭입니다. 제 주변은 늘 사람들로 북적였지요. 물론 저만이 그러한 삶을 살고 있다고는 생각하지 않습니다. 대한민국이란 좁은 땅에서 오늘을 살고 있는 사람이라면 누구나 그런 다양한 역할을 소화하며 살고 있지요.

그렇다고 하루 24시간이 너무 적은 거 아니냐며 시간 탓만 할 수는 없는 노릇입니다. 아이들이 잠자리에 든 밤 10시 30분 이후 또는 새벽 4시 30분 이후를 오직 나만을 위한 시간으로 활용하고자 했지요. 이런 갈망을 내 몸이 기억하고 있어서 나를 그 새벽에 벌떡 일어나게 한 것일 수 있겠다는 생각이 들었습니다.

저는 요즘 시간을 금처럼 소중하게 여기며 살고 있습니다. 진부한 표현이긴 하지만, 시간이 펑펑 주어지는 여유 넘치는 일상을 살았다면 느낄 수 없는 삶의 교훈을 다시 깨닫게 되었지요. 그저 하루하루를 버티듯 살았던 과거의 저는 절대로 상상조차 못했을 변화입니다. 제가 유일하게 과거와 다르게 행동한 것은 작은 습관 3개 실천이었습니다. 작은 습관 3개를 매일매일 실천하다 보니, 단 하루도 건너뛰지 못하게 몸에 밴 습관과 무의식이 저를 새벽 2시에도 벌떡 일어나게 했던 것이었습니다. 마치 습관이 요술을 부리는 듯했습니다. 그리고 습관의 위대함을 믿게 되었지요.

저는 현재 매일 새벽 4시 반에 일어나 하루 일과를 시작합니다.

나의 꿈, 나의 롤모델을 찾다

커다란 별을 따라 똑바로 가는 거지. 하늘 아래로 쭉 뻗어 있는 길이 우리를 집으로 안내해 줄 거야.

클라크 게이블(Clark Gable)

작은 습관을 실천하면서 나에게 찾아온 놀라운 변화 중 하나는 『습관의 재발견』의 저자 스티븐 기즈를 롤모델로 삼았을 뿐 아니라 그와 정기적으로 소통하며 조언을 받고 있다는 것입니다. 다른 하나는 나의 꿈을 찾고 소명을 재발견했다는 것입니다. 무엇보다 작은 습관을 매일 실천하면서 조금씩 그러나 꾸준히 꿈을 향해 전진하고 있다는 성취감이 언젠가는 내 인생의 목표를 달성하도록 도와준다는 믿음을 갖게 되었습니다.

"여러분은 혹시 롤모델이 있는지요?"

2016년 『습관의 재발견』을 만나기 전까지 스스로를 변화시키기 위해 선택한 목표들은 무리한 욕심에서 비롯된 것들이었습니다. 긴 여행을 하기엔 하나같이 너무나 무거웠습니다. 양 발목에 100kg이나 되는 쇳덩어리를 달고 새로운 변화의 길을 떠났지만 도중에 돌아와야 했던 과거의 모습들이 파노라마처럼 지나갑니다.

그런데 이 책은 새로운 변화의 길을 떠날 때는 최대한 몸을 가볍게 하라고 조언했습니다. 그래야 멀리 갈 수 있다고 단언하면서 말이지요.

책을 읽는 내내 무릎을 치며 감탄했습니다. '그래, 바로 이거야. 그대로 따라 해 보자. 그리고 매일 기록하고 분석해 보자. 혼자 떠나면 외롭고 지칠 때 포기할 수 있으니 동료와 함께 떠나자.'

그러나 변화는 하루아침에 만들어지지 않았습니다. 작은 습관 참가자들과 저는 통과의례처럼 시행착오를 무던히 겪었습니다. 그때 브라이언 트레이시의 『백만불짜리 습관』을 통해 알게 된 인과의 법칙은 시행착오의 늪에서 벗어날 지혜의 보물이었습니다. '내가 만약 내 롤모델과 똑같이 생각하고 행동하면 그와 같은 성공을 거둘 것'이란 인과의 법칙을 스스로에게 적용해 보고 싶었습니다.

인과의 법칙을 나 자신에게 적용하기 위해서 제일 먼저 해야 할 일은 롤모델 스티븐 기즈가 현재 어떤 습관을 실천하고 있는지 파악하는 것이었습니다. 막연했습니다. 어떻게 그의 습관을 알 수 있을까? 어떻게 그에게 조언을 구하지?

2016년 5월 7일, 그에게 조언을 구하기 위해 무작정 이메일을 보냈습니다. 답장이 오리라고 크게 기대한 것은 아니지만 내심 답장이 오면 얼마나 좋을까 하는 상상을 멈출 수 없었지요.

하루, 이틀, 사흘…. 시간은 더디게만 흘러갔습니다. 침을 꼴딱꼴딱 삼키며 그의 답장을 기다렸습니다. 회사 일에도 집중을 못할 만큼 휴대폰으로 시간을 확인하고 메일함을 열어 보고는 했습니다.

그리고 이메일을 보낸 지 정확히 6일 후인 5월 13일, 드디어 스티븐 기즈로부터 답장이 왔습니다. 답장이 온 것을 확인한 순간, 사무실 밖으로 뛰쳐나와 미친놈처럼 중얼거렸습니다. "아니, 정말 내가 답장을 받은 거야? 이게 정말 꿈은 아니겠지?"

스티븐 기즈에게서 처음 답장을 받은 그날 이후, 저는 작은 습관 실천 보고서를 영어로 번역하여 매달 그에게 송부했고 피드백을 받았지요. 그리고 그의 피드백을 작은 습관 참가자들과 공유했습니다.

스티븐 기즈로부터 받은 피드백 중 하나를 여기에 소개합니다. 작은 습관 실천 프로그램을 시작한 지 3개월 만에 참가자의 50%가 중도 포기했지요. 그래서 남아 있는 참가자들과 논의하여 각자가 실천 중인 습관 개수와 소요 시간을 대폭 수정하였습니다. 습관 개수는 5개에서 3개로 줄이고 3개의 습관 실천에 소요되는 시간을 최대 10분으로 정했습니다. 그러나 이 결정이 올바른 결정인지 두려웠습니다. 왜냐하면 습관 개수와 소요 시간을 수정했음에도 습관 실천율이 향상되지 않고 중도 포기하는 참가자가 추가로 나타나지 않을까 걱정되었기 때문입니다. 그래서 스티븐 기즈에게 조언을 구하고자 7월 10일에 이메일을 보냈습니다.

"안녕하세요, 스티븐 기즈 씨. 2016년 6월 작은 습관 실천 결과를 공유하기 위해 이메일을 보냅니다. 슬프게도, 작은 습관 참가자 12명 중 6명이 6월에 중도 포기했습니다. 습관을 실천한 지 100일도 지나지 않아서 벌써 50%의 참가자가 포기했습니다. 그 결과 저는 아직 포기하지 않은 6명의 참가자와 습관 개수를 5개에서 3개로 줄이기로 협의하였습니다. 그리고 3개의 습관을 실천하는 데 하루 10분 이내의 시간을 투자하기로 결정했습니다. 새로운 규칙을 정하고 실천한 지 10일이 지났고 지금까지는 실천율이 상당히 높습니다. 저는 7월 말이 되었을 때, 참가자들의 습관 실천율이 더 높아지기를 기대하고 있습니다. 마지막으로, 첨부한 6월 습관 실천 결과를 읽어 본 다음 피드백을 준다면 감사하겠습니다."

그리고 7월 14일 답장을 받았습니다.

주요 내용은 우리의 결정이 괜찮다는 것입니다. 그리고 총 소요 시간 10분이 나쁘진 않지만, 그 자신은 3개 습관을 5분 이내에 실천하고 있다고 했습니다. 그 이유는 100% 성공이 무엇보다 중요하기 때문이라고 했습니다. 자세한 이메일 내용은 다음과 같습니다.

"안녕하세요, 이범용 씨. 그러한 변화는 아주 좋습니다. 참가자들이 습관 5개를 실천하느라 힘들어한 사실이 저에겐 그리 놀랍지 않습니다. 저는 현재 하루에 3개의 습관을 실천하고 있지만, 하루에 습관 개수를 최대 4개까지만 실천하도록 추천하고 있습니다. 네, 당신 말이 맞습니다. 습관 개수를 늘려 더 많이 실천하는 것보다는 습관을 매일 100% 실천하는 것이 더 중요합니다. 하루 총 10분을 투자하는 것은 나쁘지 않은 결정입니다. 그러나 저는 3개 습관을 실천하는 데 필요한 시간을 5분 이내로 유지하고 있습니다. 다시 한 번 강조하지만 100% 성공이 가장 중요하기 때문입니다. 건투를 빕니다."

만약 여러분에게 아직 자신만의 롤모델이 없다면 어렵게 생각하지 말고 평소 존경하는 유명인, 작가, 교수 또는 닮고 싶은 직장 상사나 선배, 동료 중 한 명을 롤모델로 선정하세요.(이후에 자신의 꿈이나 직업적 목표가 바뀌면 롤모델을 바꾸어도 됩니다.) 그리고 여러분의 롤모델을 연구해 보세요. 그의 어떤 사고방식과 행동이 성공을 이끌어 냈는지 파악한 후 그대로 따라 해 보세요.

롤모델이 국내에 있지 않다면 그에게 감사의 내용을 담아 이메일을 보내세요. 외국에 있다 해도 어떻습니까. 영어로 짧게 감사 편지를 보내는 겁니다. 오프라 윈프리, 브라이언 트레이시, 버락 오바마 등등 누구든 여러분이 존경하는 사람에게 메일을 한 통 보내 보세요. 메일 한 통이 관계의 힘을 증대시킬 수 있습니다. 다만 답장이 올까 말까 걱정하지 마세요. 편지를 보냈다는 사실이 중요할 뿐입니다.

아래 표는 제 습관 목록의 변화 과정을 보여 줍니다. 2016년 4월에 5개의 습관을 실천한 이후 3개월이 지난 2016년 7월부터 습관 목록을 3개로 축소하였고, 현재까지 계속 동일한 습관 목록을 유지하고 있습니다. 특이한 점은 습관 실천 초기에 담배를 하루 3개비 이하로 피는 것에 자주 실패했다는 것입니다. 습관 실천 첫 달인 4월에는 4일, 5월에는 3일 실패했습니다. 제 습관 실천 성공률을 떨어뜨리는 최대의 적이 흡연이었음에도 불구하고 어떻게 금연에 성공했는지는 뒤에서 자세히 이야기하겠습니다.

이름	2016년 4월			2016년 7월 ~ 현재		
	습관 목록		실패	습관 목록		실패
이범용	1	팔굽혀펴기 10회	0	1	글쓰기 2줄	0
	2	담배 3개 이하	4	2	책 읽기 2쪽	0
	3	영어 블로그 표현 암기 5개	0	3	팔굽혀펴기 5회	0
	4	글쓰기	1			
	5	책 읽기 10쪽	1			
합계			6			0

25년 담배 인생과 결별하다

습관은 습관이다. 누구에게든 습관은 창밖으로 내던져 버릴 수 있는 것이 아니라
구슬려 한 번에 한 계단씩 내려오게 해야 하는 것이다.

마크 트웨인(Mark Twain)

고백하건대, 25년 동안 담배를 피웠습니다. 하루에 10개비 정도, 술을 마시는 날은 15개비 정도 피웠지요. 그래서 금연을 최종 목표로, 습관 목록 중 하나를 '담배 3개비 이하로 피우기'로 정하고 실천에 들어갔습니다. 그렇게 3개월 뒤, 죽음의 계곡(작은 습관 참가자 중 6명이 중도 포기한 사태)을 경험하고 나서 습관 목록에서 '담배 3개비 이하로 피우기'를 삭제하고 팔굽혀펴기 횟수를 10회에서 5회로 줄여서 실천했습니다.

어쨌든 작은 습관 실천 프로그램을 시작한 처음 한 달 동안 '담배 3개비 이하로 피우기' 습관 실천 결과를 분석하니 다음과 같았습니다.

① '담배 3개 이하로 피우기'를 총 4번 실패

② 실패 이유: 회식(음주)

③ 내 습관의 최대의 적: 회식(음주)

④ 고민 내용: 어떻게 내 최대의 적을 무찌르고 습관 목표를 달성할 수 있을까?

스티븐 기즈와 찰스 두히그에게 무작정 이메일을 보내 조언을 구했습니다.

정말 놀랍게도, 두 사람 모두에게서 답장이 왔습니다. 우선 찰스 두히그로부터 받은 이메일 일부를 보면 다음과 같습니다.

 From: Charles Duhigg <charles@charlesduhigg.com>　　　
Date: Mon, 16 May 2016 14:13:29
Subject: Re: [One month habit result from 12 person] from Korea
To: Bumyoung Lee <enja1999@gmail.com>

Hi Mike,

My apologies for the delayed reply-I've been very preoccupied with work and travel to promote the new book! I'm so glad to hear from you, and to learn what an impact my research has had for you. Thanks for sending me your own findings!
...(중략)...

As far as quitting smoking, here's an article I wrote about it:
http://bigthink.com/in-their-own-words/my-best-advice-on-quitting-smoking

Hope this helps, and very much looking forward to my trip to Korea this week!

All best,
Charles

메일에 있는 링크를 따라가 보면 흡연에 대한 찰스 두히그의 조언
이 나와 있습니다. 주요한 내용은 다음과 같습니다.

"첫째, 담배를 안 피우고 100시간(약 4일)이 지나면 몸속에
서 니코틴이 전부 빠져나갑니다. 즉 금연한 지 4일 후부터는 신체
가 니코틴 중독에서 벗어났다고 볼 수 있습니다.

둘째, 다만 흡연을 갈망하는 행동의 중독성은 여전히 남아
있습니다. 예를 들어 아침마다 모닝커피를 마시면서 담배 한 개비
를 피웠던 행동의 중독성은 아직 남아서 우리를 괴롭힙니다.

셋째, 그러한 행동의 중독성에서 벗어나려면 어떻게 해야
할까요? 담배와 관련된 신호(cue)와 보상(reward)을 찾아내서 담배
가 제공하는 보상(기분 전환, 휴식, 사회적 교제 등)과 유사한 보상을 제
공하는 새로운 반복 행동(routine)을 하면 담배를 끊을 확률이 높아
집니다."

다음은 스티븐 기즈에게서 받은 메일의 내용입니다.

"안녕하세요, 이범용 씨. 흡연과 관련해서, 금연은 전형적
인 작은 습관(mini habit)이 아닙니다. 왜냐하면 작은 습관은 나쁜 습
관을 없애는 전략이 아니라 좋은 습관을 어떻게 만들까에 대한 전

략이기 때문입니다. 저는 당신이 금연에 성공하지 못하는, 반복되는 실패 유형을 관찰했으면 합니다. 제 추측으로는 당신이 맥주를 마시기 시작하면 알코올의 영향 때문에 금연 성공률이 확연히 떨어지는 것 같습니다. 이런 경우, 당신이 맥주를 마시기 전이나 심지어 바로 직전에 시도해 볼 만한 작은 습관을 정할 수 있을 것입니다. 당신의 상황을 정확히 알지는 못하기에 구체적인 조언은 못하지만 맥주를 마시기 전에 새로운 좋은 습관 하나를 실천해 보라는 것이 제가 할 수 있는 최선의 조언입니다. 제 책(『습관의 재발견』)을 읽어 주셔서 고맙습니다."

금연과 습관에 대한 스티븐 기즈의 조언은 찰스 두히그와 사뭇 다릅니다.

한마디로 "금연은 작은 습관이 아니다"라는 것입니다. 작은 습관은 나쁜 습관을 없애는 것이 아니라 새로운 습관을 만들어 나가는 것입니다. 그의 조언은 회식(음주)하기 전에 담배를 피우지 않겠다고 결심하기보다는 '음주하기 바로 전에 새로운 습관을 끼워 넣어서 술의 유혹에도 담배를 피우지 않게 하라'는 것입니다.

곰곰이 생각해 보았습니다. 제 경우 주말에는 금연에 성공했습니다. 주말에는 회사 스트레스가 없어서 그만큼 담배의 유혹이 없기도 하지만, 무엇보다 지켜보는 눈(아내, 아이들)이 있어서 담배의 유혹을 쉽게 이길 수 있었지요.

그래서 생각해 낸 방법이 음주 전에 아내에게 전화를 걸어서 "지금부터 술을 마실 거야. 1시간 후 내게 전화해서 담배를 피웠는지 안 피웠는지 물어봐 줘."라고 얘기하는 것이었습니다. 사전 조치 전략을 통해 흡연에 대한 통제를 시도하고자 한 겁니다.

그로부터 얼마 후 이전 직장의 전무님, 동료들과 저녁을 먹기로 했고, 저는 사전 조치 전략을 시도해 보기로 했습니다. 2016년 5월 21일 토요일 저녁, 전무님과 동료들을 만났습니다. 횟집에 들어가기 전 아내에게 전화를 했습니다. 1시간 뒤 꼭 내게 전화를 걸어서 담배를 피웠는지 물어봐 달라고 했지요. 1시간 뒤 아내로부터 전화가 왔고, 저는 당당히 담배를 피우지 않았다고 답했습니다. 그러나 전화를 끊고 나서 한 동료가 담배를 피우자 그 유혹을 이기지 못하고 담배에 손을 댔지요. 작전 실패였습니다.

이제는 다른 전략이 필요한 시점이었습니다. 찰스 두히그가 초콜릿 먹는 습관을 끊기 위해 시도한 방법을 저에게 적용해 보기로 결심했지요. 담배의 유혹이 있을 때마다 그 상황을 상세히 기록하는 방법입니다. 즉 담배를 피우고 싶은 생각이 강하게 들 때마다 장소는 어디이고 시간은 몇 시인지, 나의 감정 상태는 어떠한지, 내 주변에 누가 있는지, 담배의 유혹이 있기 바로 직전 나는 어떤 행동을 했는지 등을 메모하는 겁니다.

2016년 5월 25일에 기록한 내용을 살펴보니, 담배의 유혹이 총 5번 있었고 감정 상태는 주로 졸린(자고 싶은) 상태였습니다. 그중 하나의 메모 내용은 다음과 같습니다.

① 장소: 사무실 내 책상
② 시간: 오전 9시 44분
③ 감정 상태: 졸림
④ 다른 사람: 없음 (혼자 업무 처리 중)
⑤ 직전의 행동: 고객 요구 사항 검토

담배의 유혹에 대한 1차 대응으로, 졸음을 물리치기 위해 양치질을 하고 10분 정도 화장실 변기에 앉아 스마트폰으로 글을 몇 줄 썼습니다. 어렵지 않게 담배의 유혹을 물리치고 책상으로 돌아와 업무를 지속했습니다. 두 번째, 세 번째, 네 번째 유혹도 잘 넘겼습니다.

다섯 번째 유혹은 거대했습니다. 퇴근길에 종종 들르곤 했던 슈퍼마켓 앞에서 캔 커피를 마시면서 담배 한 개비를 피우고 말았습니다. '참새가 방앗간을 그냥 지나치랴'는 옛 속담에 굴복하고 만 것이지요. 하루 종일 강제적으로 흡연에 대한 욕구를 절제했기 때문에 보상을 받고 싶은 심리가 작동한 것 같습니다.

그러나 팔굽혀펴기 5회를 매일 꾸준히 실천하면서 담배 3개비 이하로 피우기에 실패하는 날이 점차 줄어들었습니다. 4월에는 4일 실패, 5월에는 3일 실패 그리고 드디어 6월에는 단 한 번의 실패도 없이 모두 성공했습니다. 7월부터는 담배를 2개비 이하로 피웠는데 7월 11일 갑자기 담배 맛이 쓰게 느껴지면서 니코틴에 거부감이 들었습니다. 이후 8일간 금연에 성공했지만, 18일 회식과 술이라는 복병에게 무릎을 꿇는 아픔도 있었습니다. 그래도 바로 다음 날인 19일부터 다시 금연을 시작해 지금까지 약 1년 동안 금연을 유지해 오고 있습니다.

물론 팔굽혀펴기와 금연의 연관성을 연구한 논문은 아직까지 찾아내지 못했지만, 제 경우 팔굽혀펴기 5회를 매일 실천하면서 담배에 대한 유혹도 이기고 담배 맛에 대한 거부감도 생겼습니다. 엉덩이에 습진이 생겨 고생한 적이 있었는데, 큰딸이 엉덩이 습진이 담배 때문이라며 아직도 담배를 피우냐고 질타한 일 또한 금연의 성공에 일조했다고 생각합니다. 중요한 것은, 이 모든 변화가 팔굽혀펴기 5회를 100일 정도 성공한 것으로부터 비롯되었다는 사실이지요. 작은 습관은 저에게서 25년이나 이어 온 나쁜 습관을 뿌리 뽑게 만든, 위대한 변화를 이끌어 냈습니다.

읽고, 메모하고, 글을 쓰는 행복

독서 습관

우연히 참가한 세미나에서 받은 숙제가 '최근 3년간 읽은 책 목록 작성'이었습니다. 놀랍게도, 최근 3년간 읽은 책이 단 한 권도 없었습니다. 붉게 물든 얼굴을 애써 진정시키며 기억을 되짚어 보았으나 결과는 동일했습니다. 간신히 찾아낸 변명거리는 관세사 시험을 보기 위해 공부한 『관세법』, 『무역영어』, 『재무회계』 등의 수험서였습니다.

이후 작은 습관 실천 프로그램을 시작한 2016년 4월부터 1년 동안 제가 읽은 책이 70권 정도 됩니다. 책을 사랑하고 꾸준히 읽어 온 분들에 비하면 보잘것없지만, 나에게는 무에서 유를 창조한 것과 같은 대단한 변화였습니다. 그뿐 아니라 책을 읽을 때 마음에 와 닿은 문장이나 중요한 내용 또는 독특한 표현을 메모하는 습관까지 생겼습니다.

메모 습관

제 메모 노트는 펼치면 색깔이 좀 화려합니다. 여러 가지 색깔 펜을 사용해서 강조하고 싶은 단어나 표현에 붉은색, 파란색, 초록색으로 동그라미를 치고 밑줄을 긋습니다. 그 옆에 내 생각도 추가해 적어 놓으면 뿌듯함이 밀려오곤 하지요.

① 나의 영어 노트

다양한 색깔로 노트를 색칠하는 습관은 고등학교 때 생겼습니다. 이 습관은 캐나다로 어학연수를 갔을 때 작성한 영어 표현 정리 노트에도 영향을 주었지요. 현재까지 보관 중인 영어 노트는 12권 정도인데, 어느 것을 펼쳐 보아도 아름다운 색깔로 강조되어 있지요.

제가 약 20년 동안 영어 공부를 하면서 "우와, 이걸 영어로는 이렇게 표현하는구나!" "어라, 이렇게 짧고 명확하게 의미를 전달하는 표현이 있네?"라고 중얼거리며 중요하다고 또는 유용하다고 생각되는 표현들을 정리해 놓은 노트입니다.

이 영어 노트들 속에는 캐나다 어학연수 8개월, 네덜란드 주재원 근무 3년, 싱가포르 MBA 과정 2년 및 인턴 생활 7개월, 외국계 기업 근무 2년 그리고 무엇보다 미국, 유럽, 중동, 아시아 등을 대상으로 10여 년 해외 영업 업무를 하면서 배우고 깨우치고 메모한 표현들이 포함되어 있습니다.

제가 싱가포르에서 MBA 과정을 밟을 때였습니다. 영어 원서로 공부하고 영어로 진행되는 수업은 커다란 도전이었습니다. 영어를 처음 접한 중학교 시절부터 MBA 수업을 듣기 전까지 읽고 들었던 영어와는 차원이 다른 영어 단어와 표현들 때문에 한마디로 기가 죽었지요. 수업 내용을 겨우 30~40% 알아듣다 보니, 교수의 질문에 대답을 할 수도 없었고 질문할 수도 없었습니다.

저는 교수가 영어로 말하는 소리 그대로 한국말로 옮겨 적었습니다. 수업이 끝난 후 도서관에 남아서 인터넷 사전을 찾아보기도 하고 한국계 미국인 동기에게 물어보기도 하여 뜻을 알아냈지요. 예를 들어 한 교수가 수업 내내 'To put it in a nutshell'이란 표현을 여러 번 사용했습니다. 노트에 이렇게 적어 놨지요. '투 푸디너 너쉘'. 사전을 찾아보니, '간단명료하게 말해서'라는 뜻이었습니다. 이 표현을 적용한 예문까지 노트에 적어 놓고 외우기 시작했습니다.

수업 교재로 공부를 할 때도, 모르는 단어는 물론이고 나중에 일상 대화에서 유용하게 사용될 수 있는 표현들을 만날 때마다 밑줄을 긋고 사전에서 뜻을 찾아본 다음 노트에 옮겨 적었습니다. 중간고사나 기말고사가 코앞인데 영어 표현 정리에 매달리는 것은 비효율적인 시험공부 방법이지요. 그러나 1학년 때 이렇게 영어에 노력을 집중했기에 영어 실력이 월등하게 향상되었고, 기말고사 때 리포트를 작성해 제출하고 조별 토론에서 내 주장을 거침없이 펼칠 수 있었습니다. 또한 학기 중에 다국적 기업에서 인턴을 할 때도 다양한 국적의 동료들과 의사소통을 하고 업무를 하는 데 어려움이 없었습니다.

영어 메모 노트의 가장 큰 장점은 영어 감각을 정말 빨리 회복시켜 준다는 것입니다. 골프도 그렇고 모든 예술가들의 작업이 그렇듯, 자기 전문 분야라 하더라도 연습을 게을리하면 뒤처질 수밖에 없습니다.

세계적인 첼리스트 파블로 카잘스가 "하루 연습하지 않으면 내가 알고, 이틀 연습하지 않으면 동료들이 알고, 사흘 연습하지 않으면 관객이 안다"고 했듯이, 영어도 마찬가지입니다.

누구나 한 번쯤 그런 경험을 해 봤을 것입니다. 영어를 잊고 생활하다가 어느 날 갑자기 영어로 대화를 해야 할 때 예전에 쉽게 사용했던 단어나 표현이 하나도 생각나지 않는 아찔한 경험 말입니다. 그 당혹스런 경험을 두 번은 하고 싶지 않아서 단단히 마음먹고 영어 공부를 다시 시작하려하지만, 어디서부터 시작해야 할지 막막해서 또는 더디게 회복되는 영어 감각 때문에 중간에 포기해 본 적 있지 않나요?

그러나 영어 메모라는 기록물은, 바쁜 일상에 치여 영어를 잠시 잊고 살다가 어느 날 문득 노트만 쭉 훑어보는 것만으로도 영어 감각을 되살리고 자신감을 불어넣어 줍니다.

실제로 영어 메모 노트 덕을 크게 본 일이 있습니다. 저는 직장을 몇 번 옮겼습니다. 한번은 외국계 기업과 영어 인터뷰 날짜가 정해졌는데, 준비할 시간이 고작 5일 정도밖에 없었습니다. 그래서 영어 메모 노트를 꺼내 붉은색으로 여러 번 표시해 둔 표현 위주로 공부했지요. 그 결과 영어 인터뷰에 자신감이 생겼고 실제로 인터뷰 결과도 좋았습니다.

또 한번은 스웨덴의 고객이 한국을 방문했을 때 일입니다. 2일 동안 워크숍을 진행하기로 했는데, 제가 회의를 주관하기로 되어 있었습니다. 그래서 다시 영어 메모 노트를 꺼내 중요 표현 위주로 공부했습니다. 회사의 제안을 고객에게 명확하게 전달하였고, 고객과의 워크숍 또한 성공리에

마무리할 수 있었습니다.

메모 중 가장 핵심적인 내용을 색깔 펜으로 강조하는 이유는 나중에 노트를 다시 볼 때 강조 표시한 내용만 빠르게 복습하려는 의도 때문이기도 하지만, 더 근본적인 이유는 제 성격과 연관이 있습니다. 성격상 검은색 한 가지로 채워진 노트를 보면 첫 단어부터 한 글자, 한 글자 위에서부터 바닥까지 읽습니다. 혹시라도 내 눈이 중요한 표현을 놓치고 넘어갈까 두렵기 때문인데요. 꼼꼼한 성격 탓에 한두 줄 건너뛰고 읽지를 못합니다. 한 줄도 빠짐없이 두어 쪽을 꼼꼼히 읽다 보면 금방 지루함을 느끼지요. 그러면 아직 읽지 않은 쪽을 후다닥 넘겨 봅니다. 얼마나 더 읽어야 하는지 확인하는 순간, 그만 질려 버리지요. 의욕은 금세 사라지고 우울해지면서 딴생각을 하게 돼요.

하지만 강조한 부분만 빠르게 읽어 나가면 지루해하거나 지치지 않고 끝까지 한 권을 다 공부할 수 있지요. 지금 생각해 보면, 저는 고등학교 때부터 작은 습관을 실천해 온 것 같습니다. 공부를 시작도 하기 전에 노트 한 권을 다 보아야 한다는 부담감 때문에 노트를 폈다 금방 덮기보다는 색깔 펜으로 강조한 부분만 공부하면 된다는 가벼운 생각이 공부에 대한 거부감을 줄여 준 것 같아요.

② 아이의 메모 노트

더 놀라운 변화는 제 화려한 메모 노트를 보고 아홉 살 큰딸이 스스로 '아빠는 노트 선생님'이란 습관을 갖게 된 사실입니다.

그날도 저는 평상시와 같이 책을 읽은 후에 감동받은 문장을 노트에 옮겨 적고 제 생각을 덧붙이고 있었습니다. 메모한 글을 다시 한 번 읽으면서 강조하고 싶은 단어와 표현에 색깔 장식을 하고 있었지요. 옆에서 『만화로 보는 그리스 로마 신화』를 읽던 딸아이가 그 모습을 보고는 혼자 중얼거리더군요.

"나도 아빠처럼 예쁘게 노트 만들어 보고 싶다."

아이는 벌떡 일어나더니 자신의 노트를 가져왔습니다. 그리고 "아빠, '제자'가 무슨 뜻이야?"라고 물었습니다. 아이가 읽던 책에 나온 단어였습니다. 저는 딸에게 되물었습니다. "네 생각에는 무슨 뜻일 것 같아?" "음, 그 사람의 말에 따르는 것 같아요." 그래서 한 가지 제안을 했어요. "그래? 그럼 우리 같이 사전을 찾아볼까?" 아이는 사전에서 '제자'의 뜻을 확인한 후 자신의 노트에 정리를 하더군요. 알록달록한 색깔로 강조 표시까지 하면서 말이지요.

이제 아이는 자신이 모르는 단어를 발견할 때마다 '노트 선생님'을 외치며 사전을 찾아봅니다. 또 노트에 메모를 하지요. 그래서 아이의 메모 습관에 '아빠는 노트 선생님'이라는 별칭이 붙게 되었습니다.

'아빠는 노트 선생님'이 발단이 되어 '아이 습관 만들기 프로젝트'가 시작되었고, 아이는 현재 일주일에 6개의 습관을 하루 1개씩 실천하고 있습니다. 벌써 10개월째입니다. 제 메모 습관이 아이에게 책을 읽을 때 궁금증을 갖고 스스로 사전을 찾아보는 습관을 선물해 주었지요. 부모의 습관이 아이에게 물결처럼 퍼져 나간 것이지요.

나의 메모 노트

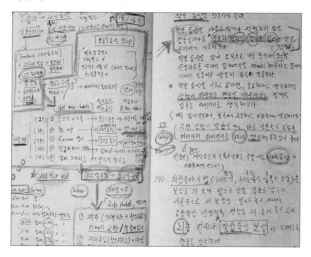

아이의 '아빠는 노트 선생님' 메모 노트

글쓰기 습관

하루 2줄 글쓰기는 '내 블로그에 새 생명을'이란 오래된 소망을 이룩하게 해 준 고마운 물결 습관입니다. 참고로, 물결처럼 제 삶에 퍼져 나가는 좋은 습관을 '물결 습관'이라고 부르기로 했습니다.

2008년 처음으로 블로그를 시작했습니다. 다른 사람의 창작물을 공유하는 목적으로 사용하다 금세 유령 마을처럼 폐허가 되었지요. 하루 2줄 글쓰기 습관을 위해 2016년에 다시 블로그를 열었어요. 그리고 5월 15일에 첫 블로그 포스팅을 했습니다. 첫 글의 제목은 '작은 습관 실천 결과 보고서'였습니다. 그때의 기분이란, 마치 내 집을 장만한 것처럼 기뻤습니다. 이후 1년 동안 160여 개의 글을 블로그에 올렸지요. 아직 가야 할 길이 멀지만, 이 또한 전에는 생각도 못한 놀라운 변화입니다.

읽고 쓰는 습관이 가져온 생각의 변화

저는 애매모호한 결론을 싫어합니다. 2시간 동안 입이 마르도록 토론한 결과가 책임을 회피하기 위한 각 부서의 변명으로 가득 찬 회의록을 볼 때면 '나는 지금 무엇하고 있나' 하는 생각에 힘이 빠지곤 했습니다. 영화를 무척이나 사랑하지만, 영화의 결론을 관람객의 상상력에 맡기면서 서둘러 영화를 끝내는 무책임한 감독을 기피했습니다.

인생의 모든 고민을 수학 공식에 대입하고 계산을 통해 해답 또는 결론이 도출되기를 바랐습니다. 그래서 내가 예상한 대로 삶이 진행되지 않을 때마다 슬퍼하고 좌절했습니다. 오만하고 건방지게 말입니다.

고등학교 시절 내내 우리를 괴롭히던 시험의 정답은 하나로 정해져 있었습니다. 시험은 누가 더 짧은 시간 안에 정답을 많이 찾아내는가의 게임이었습니다. 이 얼마나 간단한 게임의 법칙인가요.

대한민국 주입식 교육의 희생자 중 한 사람으로서 생각하는 습관을 버리고 정답을 뽑아내는 기술만 탐닉했습니다. 시험지 질문을 읽자마자 오답의 늪 속에서 정답을 최대한 빨리 건져 올리고 다음 문제로 넘어가야 높은 점수를 얻을 수 있기 때문입니다.

그런 저에게 노자의 『도덕경』은 일침을 가했습니다. 노자는 "세상의 변화에 순응하고 적응하려면, 내 안의 수학 공식에 세상을 대입하지 말라"고 타이릅니다. "세상을 보이는 그대로 보라"고 조언합니다. "내 안의 지식이나 수학 공식에 맞추어 세상을 재단하려 한다면, 내 작은 틀을 벗어나지 못하고 내가 믿고 싶은 대로 살아가게 되니 경계하라"고 합니다. 우물 안 개구리처럼 내 안에 갇혀 있으면 세상의 변화에 둔감해지고 뒤처지게 됩니다.

돌이켜 보니, 저 또한 '내 생각을 멈추고 남들의 생각만 추종'하며 살았습니다. 제 고유한 인생의 정답을 찾는 것이 두려운 나머지 힐끗힐끗 남의 답안지를 커닝하며 살았지요. 남의 정답이 내 삶의 정답이라 믿으며, 속 편히 살아왔지만 결국 껍데기일 뿐이었습니다.

"나는 생각한다. 고로 나는 존재한다."라고 한 데카르트를 볼 면목이 없지요. 제 사유의 곳간은 텅 비어 있었기에 데카르트의 눈에 저는 존재하지 않는 투명인간과 같을 겁니다.

정답은 세상에 한 개만 존재하는 것이 아니며 사람마다 각기 다른 정답이 있다는 것을 이제야 깨우쳤습니다. 그와 동시에 사유의 힘을 키우기로 다짐했습니다. 책을 읽고 메모를 하고 글을 쓰면서 제 삶에 많은 변화가 생겼고, 생각하는 힘까지 키우려 노력하고 있습니다. 읽고 쓰는 작은 습관을 계속해서 실천하는 근사한 이유입니다.

나의 이름으로 된 법칙 만들기

성공하는 사람은 성공하지 못하는 사람들이 하기 싫어하는 일을 하는 습관을 가지고 있다.

앨버트 그레이(Albert Gray)

작은 습관 1기 참가자와 5개월간의 습관 실천하기를 완료해 갈 즈음 2가지 고민이 생겼습니다.

첫 번째는 '작은 습관 1기 참가자들을 졸업시키고 2기 참가자를 모집하여 습관 실천 기록을 계속해 나가는 것이 과연 현명한 결정일까? 작은 습관 실천 프로그램을 하면서 어떤 통계적 의미를 발견할 수 있을까?'에 대한 고민이었습니다.

두 번째는 '내 이름을 사용한 법칙과 이론을 만들고 싶은데 어떻게 하면 가능할까?'라는 고민이었습니다. 머피의 법칙이라던가 플레밍의 오른손 법칙처럼 발견 또는 발명을 한 사람의 이름이 법칙에 붙어 있으면 그 사람은 죽지 않고 몇백, 몇천 년을 살아 있는 것과 같습니다. 이 얼마나 의미 있는 일인가요.

그러나 어떤 과정을 거쳐야 그런 수준에 도달할 수 있는지 막막하기만 했습니다.

다행히 고민은 그리 오래 계속되지 않았습니다. 책에서 그 답을 찾았거든요.

첫 번째 고민의 해답은 안데르스 에릭슨과 로버트 풀이 공저한 『1만 시간의 재발견』에 보석처럼 숨어 있었습니다.

"우리 둘 다 스티브가 숫자를 기억하는 특별한 재능을 가지고 태어났다고는 생각하지 않았다. 스티브의 실력 향상이 전적으로 그동안의 훈련에 기인한다고 생각한 것이다. 그리고 이를 입증할 가장 좋은 방법은 다른 실험 참가자를 대상으로 같은 연구를 하여 같은 결과가 나오는지 알아보는 것이었다."

'꿈이 있는 사람은 습관 실천율이 높을 것이다'라는 가설을 입증할 가장 좋은 방법은 개인적, 직업적 꿈이 있는 사람으로 구성된 2기 참가자 중 과연 몇 명이 죽음의 계곡을 무사히 지나 습관 실천을 계속해 나가는지 그리고 습관 실천율이 어떻게 나오는지 매월 확인하는 것입니다.

아래 그래프는 작은 습관 1기와 2기 참가자들의 5개월 동안의 습관 실천 결과입니다.

작은 습관 1기 월별 습관 성공률(%)

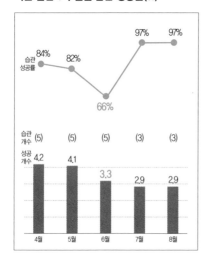

작은 습관 2기 월별 습관 성공률(%)

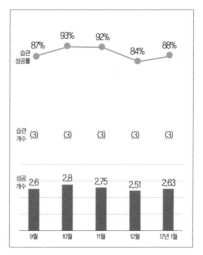

결론부터 말하면, 작은 습관 2기의 중요한 특징은 2가지입니다. 첫째, 6명으로 시작하여 1명이 두 번째 달에 포기했으나, 포기하지 않은 5명은 1기 참가자가 세 번째 달에 경험했던 죽음의 계곡을 모두 가뿐히 통과했습니다. 둘째, 월별 습관 성공률의 편차가 1기 참가자와 비교했을 때 상대적으로 크지 않습니다.

2기 참가자의 월별 성공률 그래프를 보면 일직선에 가까울 만큼 등락 폭이 적음을 한눈에 파악할 수 있습니다. 2016년 9월부터 2017년 1월까지 기록을 살펴보면, 가장 낮은 성공률은 84%(2016년 12월), 가장 높은 성공률은 93%(2016년 10월)로 최저 성공률과 최고 성공률의 차이가 고작 9%밖에 안 됩니다.

반면에 1기 참가자들은 세 번째 달에 12명 중 6명이 중도 포기했고 성공률도 66%까지 급락하여 죽음의 계곡에 빠졌습니다. 그렇다 보니 가장 낮은 성공률 66%(2016년 6월)와 가장 높은 성공률 97%(2016년 7월)의 차이도 31%로 편차가 크게 발생했지요.

'꿈이 있는 사람은 습관 실천율이 높을 것이다'라는 가설은 작은 습관 1기, 2기의 5개월 습관 실천 결과를 기준으로 보면 어느 정도 검증이 되었다고 볼 수 있습니다.

작은 습관 실천 프로그램은 '평생 습관 프로젝트'라고 해도 과언이 아니지요. 그 이유는 작은 습관 실천 프로그램을 졸업하더라도 추적 조사를 통해 습관 실천율을 계속 기록하고 점검하기 때문입니다. 처음 5개월은 매일 습관을 실천하고 카톡으로 그 내용을 공유합니다. 그 기록을 바탕으로 습관 조력자가 매월 작은 습관 실천 보고서를 작성하여 공유합니다.

그러나 5개월이 지나면 프로그램을 졸업해야 합니다. 이후부터는 홀로 서기를 통해 매일 스스로 습관을 실천하고 기록해야 하지요. 5개월을 프로그램 참여 기간으로 설정한 이유는 간단합니다. 제가 직접 습관 실천을 해 보니 6개월째부터는 습관 3개 모두 100% 실천에 성공했기 때문입니다. 처음 5개월은 시행착오도 겪고 뇌의 거부감도 이겨 내지 못해서 100% 성공을 하지 못했습니다. 따라서 다른 참가자들도 5개월간 시행착오를 겪으며 습관 실천에 익숙해질 시간이 필요하리라 생각했습니다.

    지금은 1기 참가자, 2기 참가자 모두 홀로 서기를 통해 스스로 습관을 실천하고 기록해 나가고 있지요. 물론 저는 그들과 꾸준히 교류하며 피드백을 하고 있습니다. 매월 초에 전달의 습관 실천 결과에 대해 아래 2가지 질문을 통해 추적 조사를 실시하고 있지요.

    첫째, 습관을 계속해서 실천하고 있나요?
    둘째, 습관을 계속해서 실천하고 있다면 성공률은 몇 %인가요? 그리고 그만두었다면 가장 큰 이유는 무엇인가요?

    5개월 후에도 습관 실천을 꾸준히 하고 있는 참가자들이 언제까지 작은 습관 실천을 계속할 수 있을지 궁금해지기 시작했습니다. 미국 대학의 연구 조사에 따르면(Scranton, 2014), 습관 실천 후 2년이 지나면 19%만이 계속 습관을 유지한다고 합니다. 그렇다면 작은 습관 참가자도 습관 실천 시작으로부터 2년 뒤에는 19%만이 습관을 유지하고 있을까요?
    1기 참가자는 2016년 4월부터 지금까지 1년 넘게 습관을 실천해 오고 있습니다. 그리고 2기 참가자는 2016년 9월부터 지금까지 9개월 정도 습관을 실천해 오고 있습니다.
    다음의 그래프는 작은 습관 1기, 2기 참가자의 습관 성공률을 보여줍니다.

작은 습관 1기 월별 습관 성공률(%)

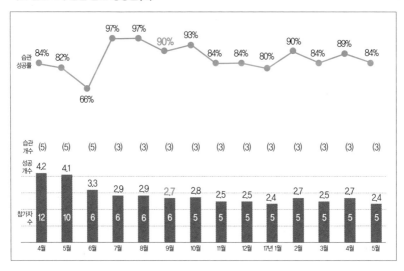

작은 습관 2기 월별 습관 성공률(%)

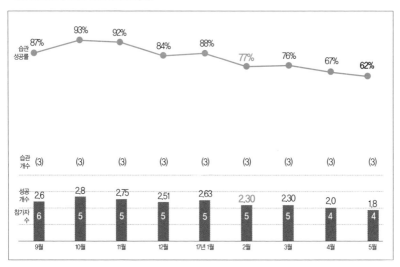

유의해서 볼 점은 1, 2기 참가자 모두 홀로 서기를 하면서 조금씩 습관 실천율이 하락한 것입니다. 특히 2기 참가자들이 홀로 서기 후 실천율이 급락했습니다. 그 이유에 대하여 참가자들에게 확인했더니, 가장 큰 원인은 매일 카톡으로 습관 결과를 공유해야 하는 의무감과 청중효과가 사라진 것이었습니다.

작은 습관 3기 참가자의 특징은 1, 2기 참가자와 비교했을 때 첫째, 직업적, 개인적 목표(꿈)가 선명합니다. 이것은 1기 참가자와 확연히 다른 차이점이지요. 둘째, 핵심 습관을 직업적, 개인적 목표와 연계했으며 '습관 실천 성과 지표 관리(KPI)'를 도입했습니다. 이것은 1, 2기 참가자와의 차이점입니다.

다음의 그래프는 3기 참가자들이 4개월 동안 습관을 실천한 결과입니다. 깜짝 놀랄 만한 결과입니다. 1, 2기 참가자들의 습관 성공률이 초라해 보일 정도입니다. 첫 달은 전원 100% 성공했고, 두 번째 달부터 네 번째 달까지 연속해서 99%라는 높은 성공률을 달성했습니다. 1, 2기 참가자들의 수많은 시행착오를 교훈 삼아 작은 습관 실천 프로그램이 수정, 보완되었기 때문에 나타난 결과입니다.

하지만 3기 참가자들도 2017년 7월부터는 홀로 서기를 시작해야 합니다. 3기 참가자들이 홀로 서기 이후 1, 2기 참가자들처럼 습관 실천율이 조금씩 하락하지 않도록 방법을 연구해야 할 숙제가 남아 있습니다.

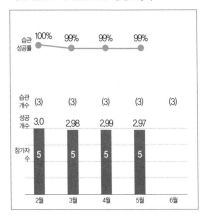

작은 습관 3기 월별 습관 성공률(%)

두 번째 고민의 실마리는 구본형의 『익숙한 것과의 결별』에서 찾았습니다.

"우선 자료를 수집하는 한편, 관찰과 실험을 통해 자료를 만들어 낸다. 그리고 그 자료 속에서 공통적으로 존재하는 규칙성을 발견해 낸다. 이를 기초로 하나의 가정을 만들어 낸다. 이것은 귀납적인 방법을 따른 것이다. 과학자들은 여기서 그치지 않는다. 연역적 확인을 시도한다. 즉 도출된 가정을 개별적인 관찰 대상에 적용하여 봄으로써 가정을 검증하게 된다. 만일 이러한 연역적 과정을 통과하게 되면, 이 가정은 법칙으로 받아들여지게 되고 하나의 이론이 탄생하는 것이다."

귀납적 방법으로 가설을 세우고 연역적 방법으로 증명해 나간다면 작은 습관 실천 법칙은 더 이상 사막의 신기루가 아닌 현실이 될 것입니다. 작은 습관 실천에 참여하는 사람들이 더 많이 늘어나고, 그 실천 과정과 결과를 기록하고 분석하고 성공과 실패 이유를 증명하면서 명명한 법칙과 이론을 발견하게 될지도 모릅니다. 그와 동시에 조금씩 저의 꿈에 더 가까이 가겠지요.

나의 2가지 고민에 대하여 답을 구하고자 노력하니, 온 우주의 기운이 지원병을 보내 주고 있는 듯합니다. 변화란 세계에 들어서는 순간, 수천억 인류가 수천 년에 걸쳐 쌓아 온 경험과 지혜가 나에게 스며드는 신비한 경험을 하게 되니 말이죠.

습관 슬럼프와 고민, 카톡으로 나눠요

꼬양
주말이니까 하면서 자꾸 쉴 핑계를 찾아요. 책 펼치는 순간까지가 왜 이리 어려울까요?

물결
작은 습관도 실천이 쉽지 않죠. 걱정 말아요. 저도 6개월 걸렸어요. 습관 3개 모두 100% 실천하기까지요.

물결
지금 잘하고 있어요.

꼬양
넵. 첫 실패라 살짝 의기소침했는데, 다시 파이팅하겠습니다.

송아지
요즘 습관을 겨우겨우 실천하고 있습니다ㅜㅜ 가시적인 변화와 결과가 없으니 매너리즘에 빠졌습니다. 동기부여 및 독서법 책 추천 부탁드립니다.

물결
미국 체조 코치였던 크리스토퍼 소머는 좌절감과 조급함의 차이를 다음과 같이 설명합니다.

"눈에 보이는 발전이 없을 때 나타나는 좌절감은 탁월함을 향해 나가는 과정에서 필수 불가결한 일이다. 좌절감을 느끼지 못하는 사람은 아무것도 배우지 못한다."

우리가 실패하는 건 좌절감 때문이 아닙니다. 조급함 때문이죠. 좌절감과 싸우는 ↓

물결
물결이의 추천 도서
1. 실행이 답이다
2. 익숙한 것과의 결별
3. 코끼리와 벼룩

구야
코끼리와 벼룩은 뭐예요?

물결
찰스 핸디가 오래전에 쓴 변화 관련 책입니다.

김대리
퇴근 즉시 서점에 가 봐야겠네요^^

동안 조급함을 느끼기 때문에 대부분의 사람들이 목표 달성에 실패합니다. 일단 결심한 것은 절대 그 생각을 의심하거나 바꾸지 않아야 합니다. 타협하지도 말고요.

송아지
네, 힘내겠습니다!!! 갑자기 윗몸일으키기 20번을 해야겠다는 생각이 솟구치네요.

물결
오늘 하루도 행복하게 보내세요~

PART
04

아이, 가족, 회사로 퍼져 나가는
물결 습관

작은 습관이 불러온 나비효과

긍정적인 습관은 나비효과처럼 나와 내 주변으로 물결이 되어 퍼져 나간다.

2016년 저의 핵심 습관은 '글쓰기 2줄'이었습니다. 2016년 연간 목표가 50개의 글을 블로그에 포스팅하는 것이었기 때문이지요. 저는 핵심 습관과 연간 목표를 연계하여 목표 관리를 잘한 결과 블로그에 50개의 글을 올리는 데 성공하였습니다.

창조적인 아이디어가 떠오르거나 영감이 번뜩일 때 글을 죽죽 써나가기 쉽지요. 그리고 이러한 아이디어나 영감은 생활 속 다양한 경험 중에서 또는 책에서 얻을 수 있습니다. 그렇다 보니 글쓰기 습관은 자연스럽게 책 읽는 습관을 유도했습니다. 또한 글의 소재가 생각날 때마다 메모를 하는 습관까지 형성되게 도와주었지요.

영감을 얻기 위해, 글의 소재를 얻기 위해 책 읽기에 더 많은 시간을 투자하면서, 하루 24시간을 더 소중히 여기고 아껴 쓰게 되었습니다. 즉 하루 시간 관리를 하게 되었고, 그와 함께 1년 목표 관리도 더 체계적으로 할 수 있게 되었지요.

시간 관리를 하다 보니, 평상시와 마찬가지로 공휴일이나 주말에도 새벽 4시 30분에 기상하는 습관이 생겼습니다. '주말에는 나태해져도 돼'라는 유혹을 뿌리칠 힘이 시나브로 강화되었지요. 핵심 습관인 **글쓰기 습관이 책 읽기 습관을 강화했고 책 읽기 습관은 시간 관리, 목표 관리, 새벽 기상 습관까지 낳는 선순환을 만들어 냈습니다.** 다시 말해, 핵심 습관을 실천하면서부터 삶의 긍정적인 연쇄반응이 이곳저곳에서 일어나기 시작했습니다.

저의 또 다른 시간 관리 방법 중 하나는 자투리 시간에 책을 읽는다는 것입니다. 스트레스나 피로로 뇌의 활동이 활발하지 않을 때를 대비하여 가방에 항상 두 권의 책을 넣고 다닙니다. 한 권은 깊이 사색할 수 있는 책, 다른 한 권은 가볍게 읽을 수 있는 책이지요. 머리가 아프거나 피곤해서 집중력이 떨어질 때는 읽기 쉬운 책을 꺼내 읽습니다. 지금 제 가방 속에는 사유가 필요한 신영복의 『강의』와 아무 때나 읽기 편한 토드 홉킨스와 레이 힐버트가 공저한 『청소부 밥』이 들어 있지요.

어떤 책을 읽는가가 중요한 것이 아니라, 작은 습관 하나가 행동의 변화를 가져오고 물결이 퍼져 나가듯 삶에 파급효과를 일으킨다는 것이 중요합니다.

글쓰기 습관은 제 몸 구석구석으로 퍼져 나가 책 읽기 습관, 메모 습관, 시간 관리 습관, 새벽 기상 습관, 목표 관리 습관을 낳았습니다.

회사 생활에도 긍정적인 결과를 불러왔습니다. 매주 목요일마다 회사 주간 업무 보고서를 작성하는데, 과거에는 주간 업무 보고서를 작성하기도 전에 상당한 스트레스를 받았지요. 한 주간의 업무 성과와 이슈를 보고해야 한다는 중압감에 첫 문장을 쓰기도 큰 고통이었습니다. 그러나 지금은 주간 업무 보고서를 작성할 때 작은 습관의 원리를 적용하고 있습니다. 일단 '지난주 주간 업무 보고서를 다시 읽어 보기만 하자'라고 목표를 작게 잡고 시작합니다. 그러면 신기하게도 마음이 차분해지고 보고서의 방향이 잡히고 초안이 쉽게 써집니다. 이후 초안을 여러 번 수정하긴 하지만 첫 문장에서 끙끙거리던 과거에 비하면 스트레스도, 시간 낭비도 훨씬 적어졌습니다.

인간관계 스트레스도 훨씬 덜해졌습니다. 과거에는 상사나 고객과의 사이에서 안 좋은 일이 일어날 때마다 혼자 그 상황을 곱씹거나 자책을 하면서 힘들어했습니다. 당연히 업무에도 집중하기 어려웠지요. 그러나 지금은 사람으로 인해 스트레스를 받을 때마다 화장실을 찾아가 휴대폰 메모장을 열고 글을 끼적이면서 마음의 어려움을 날립니다. 때로는 글로 그 상황을 풀어 보면서, 상대방의 입장에서 생각하고 이해를 넓히기도 합니다. 그렇게 마음의 평정을 찾아서 업무로 정상 복귀하지요.

또한 메모 습관은 업무 우선순위대로 일처리를 할 수 있게 해 줄 뿐 아니라, 실수로 놓치는 업무가 없게 해 주어 상사에게 꼼꼼해졌다는 평가를 받고 있습니다.

습관의 물결은 제 몸을 벗어나 아이에게까지 퍼져 나갔습니다. 저는 2016년 8월부터 지금까지 딸아이와 함께 '아이 습관 만들기 프로젝트'를 실천해 오고 있습니다. 뒤에서 자세히 설명하겠지만, 아이는 6개의 핵심 습관을 정해서 월요일부터 토요일까지 하루에 1개씩 실천하고 있습니다. 현재 아이가 실천하고 있는 6개의 습관 목록은 책 읽기, 독서록 쓰기, 일기 쓰기, '아빠는 노트 선생님', 감사 일기 쓰기, 한자 공부입니다. 요일마다 정해진 습관은 없습니다. 순서에 상관없이 6개의 습관 중 1개를 매일 실천하면 됩니다. 그리고 스스로 작성한 습관 계획표에 그 결과를 기록하지요. 일주일 단위로 아이의 습관 실천 결과를 점검하고 피드백을 해 주는 것은 제 몫이지요.

이처럼 핵심 습관을 정하고 그 습관과 연계하여 연간 목표 관리를 주 단위, 월 단위로 해 나가면 여러분의 일상에 긍정적인 연쇄반응이 일어날 뿐만 아니라 여러분의 선한 영향력이 물결처럼 주변으로 퍼져 나가 가족과 타인의 삶에도 긍정적인 변화를 가져올 수 있습니다.

부모의 습관이 아이에게 퍼져 나가다

부모의 좋은 습관보다 더 좋은 아이 교육은 없다.

찰스 슈왑(Charlses Schwab)

아이들은 부모를 따라 하게 마련입니다. 부모의 말투나 행동 하나 하나를 따라 하지요. 부모는 아이에게 국어사전이며 거울입니다. 따라서 부모가 어떤 습관을 갖고 있는지, 평소 무엇을 지향하며 행동하는지가 아이 의 성장에 중요한 역할을 하지요.

부모의 습관이 아이들에게 얼마나 큰 영향을 미치는지는 유명한 사 람들의 일화에서 쉽게 찾아볼 수 있습니다.

□ 타이거 우즈의 아버지는 그의 나이 마흔두 살에 처음으 로 골프를 배웠습니다. 타이거 우즈에게 골프를 가르치기 위해서 말입니다. 강제로 운동을 시키면 나쁜 결과를 낳을 것 같아서, 타이 거 우즈가 스스로 골프를 하고 싶은 마음이 생기게끔 자신이 앞장

서서 즐겁게 운동하는 분위기를 조성해 준 것입니다.

· 존 F. 케네디는 미국의 35대 대통령입니다. 케네디 집안
은 유명한 정치인을 여럿 배출했는데, 무엇보다 식사 시간을 잘 활
용한 것으로 유명합니다. 케네디의 어머니 로즈는 식사 시간에 아
이들이 《뉴욕 타임스》를 읽고 토론하게 이끌었습니다. 그녀는 신
문에 좋은 기사나 칼럼이 있으면 오려서 눈에 잘 띄는 게시판에 붙
여 놓았습니다. 그리고 식사 시간에 그 기사를 화제로 올려 서로 의
견을 나누게 하였습니다. 어머니의 영향으로 케네디는 어렸을 때
부터 토론하는 습관을 들였고 자연스럽게 사고력과 함께 토론 능
력을 키울 수 있었습니다.

이처럼 부모의 습관이 아이에게 퍼져 나가 엄청난 영향력을 행사합
니다.

제 딸도 제 메모 노트를 보고 따라 하기 시작하면서 '아빠는 노트 선
생님'이란 습관을 실천하고 있습니다. '아빠는 노트 선생님'은 아이의 좋은
습관 만들기에 밑거름이 되었고, 지금은 저와 함께 '아이 습관 만들기 프로
젝트'를 10개월째 하고 있습니다.

따라 하는 것에는 큰 장점이 숨어 있습니다. 바로 아이 스스로 동기
부여를 하고 실천에 옮긴다는 것입니다. 부모의 강요는 자칫 빈 수레처럼

소리만 요란할 수 있습니다. 빈 수레는 가벼워서 쉽게 움직일 수 있지만, 그 뿐입니다.

실어 옮겨야 할 소중한 물건이 없는 빈 수레는 작은 유혹에도 금방 흔들리고 다른 길로 빠집니다. 부모의 강요로 시작된 행동은 부모가 자리를 비우면 멈추고 다른 행동의 유혹에 넘어갑니다. 그러나 자발적인 따라 하기 행동은 유혹에 강합니다. 자발적으로 무엇인가 해 보겠다는 의지가 가득한 수레이기 때문입니다.

'스스로의 의지'라는 보물이 가득한 수레를 끌고 부모 앞에 선 아이는 눈빛마저 반짝이기 마련입니다. 이때 부모는 보물이 현재 몇 개인지 기록하고, 수레가 이동한 거리만큼 칭찬해 주면 됩니다. 그리고 수레가 방향을 잘못 들지 않도록, 멈춤의 유혹에 빠지지 않도록 관리해 주면 됩니다.

부모의 에너지가 크게 낭비되는 일도 아닙니다. 시키는 사람과 따르는 사람 사이에 무모한 감정 대립 없이 평화를 유지할 수 있습니다. 모든 것이 선순환 고리를 생산해 냅니다.

이 모든 시작은 부모의 습관입니다. **부모가 먼저 성장하고 아이가 따라 성장하는 놀라운 기적은 바로 부모로부터 시작됩니다.** 타이거 우즈와 그의 아버지처럼 부모가 변하면 아이도 변합니다. 아이의 나쁜 습관에 대한 책임을 아이에게 묻는 일은 멈춰야 합니다.

작은 습관을 부모부터 지금 당장 시작해야 하는 절박하고 긴급한 이유입니다.

아이 습관 만들기 프로젝트

습관은 나무껍질에 새겨 놓은 문자 같아서 그 나무가 자람에 따라 확대된다.

새뮤얼 스마일스(Saumel Smiles)

'아이 습관 만들기 프로젝트'는 제 딸아이(11세)가 일주일에 6개의 습관을 실천해 나가는 프로젝트입니다. 아이는 월요일부터 토요일까지 매일 다른 습관 1개를 실천합니다. 일요일은 재충전의 시간을 갖도록 별도의 습관 목록을 정하지 않았습니다.

아이의 습관 목록은 시간이 지나면서 아이의 상황에 맞게 조금씩 탄력적으로 수정하고 있습니다. 초기의 아이의 습관 목록은 다음과 같습니다.

· 그림일기 쓰기 1
· 그림일기 쓰기 2
· 독서록 쓰기

- '아빠는 노트 선생님' 하기
- 수학 학원 숙제 하기
- 논리 학원 숙제 하기

요일별로 딱 정해진 것은 없습니다. 순서에 상관없이 6개의 습관을 하루에 하나씩만 실천하면 됩니다. 그리고 아이가 스스로 만든 습관 계획표에 그 결과를 기록합니다. 습관 실천에 성공한 날은 동그라미를, 실패한 날은 가새표를 그려 넣습니다. 그런 다음 실패한 이유를 적어 넣습니다.

다음은 아이 습관 만들기 프로젝트를 시작한 지 2주가 지난 2016년 8월 8일부터 13일까지의 습관 계획표입니다.

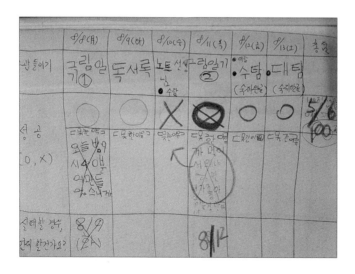

● 아이의 습관 실천 기록

8월 10일은 '아빠는 노트 선생님' 습관을 실천하는 날입니다. 그런데 8월 12일에 중간 점검 차원에서 '아빠는 노트 선생님' 공책을 펼쳐 보니 지난주에 실천한 결과물만 보였습니다. 게다가 아이는 습관을 실천하지도 않았으면서 습관 계획표에 성공으로 표시해 놓았습니다.

이유를 물으니, 자기 전에 하겠다고 짜증 섞인 목소리로 투덜댑니다. 아이는 일요일에 아빠가 습관 계획표를 점검하니까 일요일까지 실패한 습관을 만회하려는 생각이었다고 합니다.

그렇지만 현실을 정확하게 알려 주고자 아이가 성공 표시(○)를 해 둔 곳을 실패 표시(×)로 덧칠했습니다. 덧칠한 습관 계획표는 시각적으로 지저분해 보였습니다.

아이는 속상한 얼굴을 해 보였지만 나름 꾹 참는 듯했습니다. 하지만 곧 아껴 먹던 오레오 과자를 동생이 몰래 먹어 치웠을 때처럼 대성통곡했습니다. 저는 차분히 약속의 중요성과 규칙의 엄중함을 이야기했습니다.

다행스럽게도 아이는 제 말에 수긍하는 듯 보였습니다. 잘못을 순순히 인정했다기보다는 아빠의 냉정함에 오기가 생겼기 때문이지요. 오기는 곧 행동으로 나타났습니다.

아이가 갑자기 책상에 앉더니 일기장을 펼치고 연필을 손에 꼭 쥔 다음 거칠게 쓰기 시작했습니다. 8월 11일에 하기로 한 그림일기 쓰기를 실천하기 위해서였지요. 제가 이미 성공 표시를 실패 표시로 고쳐 놓은 뒤였는데 말입니다.

　일기 쓰기를 마친 아이는 습관 계획표의 '실패할 경우, 언제 할 건가요?' 칸에 '8/12(금)'을 적더니, 실패 표시를 다시 성공 표시로 고쳤습니다. 아빠가 준 상처가 쉽게 아물지 않는지 여러 번 덧칠했습니다.

　습관 실천을 모두 성공하고 싶은 아이의 욕심과 오기 그리고 습관을 포기하지 않는 열정에 감사한 하루였지요.

　그리고 그다음 주에는 습관을 모두 실천했습니다. 습관 실천을 모두 성공한 결과는 칭찬할 만한 일이기에 아이에게 물었습니다.

　"딸, 이번 주는 어떻게 습관을 모두 다 성공할 수 있었어?"

　아이가 망설임 없이 대답했습니다.

　"응, 기쁜 마음이 들었어."

　작은 습관 실천 프로그램을 대한민국 보통 사람들과 함께 1년 넘게 실천하며 조금씩 변화한 저처럼, 아이에게도 작은 습관 실천의 마법이 통할지 궁금했습니다. 저도, 아이도 하루하루가 더 흥미진진해질 것 같았습니다.

　아이는 '아빠는 노트 선생님' 습관을 실천하면서부터 책을 읽다가 모르는 단어가 나오면 메모 노트를 꺼내서 자기 생각을 적은 다음에 사전을 찾아 기록하고 있습니다.

● '아빠는 노트 선생님' 습관의 진화

아이가 다니는 학원에서 학부모 참관 수업을 했습니다. 그날 아이는 '동의'라는 단어를 처음 배웠습니다.

학원 선생님이 수업 중에 "나의 의견에 대해 상대방의 동의를 받고 싶으면 더 강력한 이유가 있어야 한다"고 가르쳐 주었습니다. 아홉 살 아이들을 위한 수업이지만, 그 내용이 어른들을 위한 수업 같다는 생각이 얼핏 들었지요.

수업이 끝나고, 학원 선생님과 잠깐 이야기를 했습니다. 아이의 새로운 습관에 대해 말을 꺼냈습니다. 책을 읽다가 모르는 단어가 나오면 스스로의 생각을 적은 후 사전의 내용을 비교해 보고 있다고, 조금은 자랑하는 마음을 섞어 얘기했지요.

그랬더니 선생님이 "그것보다 더 중요한 것이 있어요. 첫째, 그림으로 설명할 수 있으면 제일 좋아요. 둘째, 그 단어가 포함된 문장을 써 보게 하세요."라고 조언을 해 주었습니다.

저는 아이에게 '동의'라는 단어의 뜻을 생각해 보고 사전을 찾아 자신이 처음 생각한 것과 비교한 다음에 스스로 생각해서 예문을 써 보라고 했습니다. 처음에는 투덜거리더니 예문을 4개나 뚝딱 써 내더군요.

"아빠와 장난감 살 때 동의하고 장난감을 사요."
"아빠가 놀자고 할 때 난 동의해요."

"색칠할 때, 엄마 아빠와 동의한 다음 색칠해요."

"엄마가 텔레비전을 그만 보자 하면 동의해서 텔레비전을 그만
봐요."

꽤 괜찮은 출발이라고 생각했습니다. 예문을 직접 만들면서 '동의'
라는 단어에 대해 더 구체적, 현실적으로 배울 수 있을 테니 말입니다.

좋은 습관 하나는 물결처럼 퍼져 나가 다른 좋은 습관을 낳습니
다. 아이에게도 하나의 좋은 습관이 물결처럼 다른 좋은 행동으로 퍼져
나갔습니다.

어느 날, 아이가 책을 읽다 '제자'라는 단어를 보게 되었지요. "어?
내가 예전에 이 단어 찾아 놓고 적어 놨었는데."라고 말하면서 메모 노트
를 꺼내 찾아보더군요. '아빠는 노트 선생님'이란 습관이 복습하는 습관까
지 자연스레 형성하도록 도와주었습니다.

● "나는 포기하지 않는다"

아이의 습관 실천에 위기도 많았습니다. 2016년 추석 연휴 기간
에 아이가 형광등을 갖고 놀다가 사고를 당했습니다. 형광등이 깨지면서
형광등의 파편이 아이의 왼발 발가락에 상처를 낸 것입니다. 응급실까지
데리고 가서 치료를 받았을 만큼 상처가 깊었습니다.

이날 저는 아이 습관 만들기 프로젝트를 건너뛰려고 했습니다.

아이에게 물었지요.

"딸, 발 다쳤으니 이번 주 습관 프로젝트는 쉴까?"

딸이 대답했습니다.

"아니, 그냥 해야지."

말이 끝나기가 무섭게 습관 실천을 시작했지요. 그 주는 추석 연휴로 학원이 쉬었기 때문에 '학원 숙제 미리 하기' 습관 대신에 대체 습관으로 정한 '글쓰기 연습'을 실천했습니다. 발을 다쳐서 꽤 아팠을 텐데도 앓는 소리 한번 안 하고 연습장에 글을 쓰는 아이가 얼마나 대견스러웠는지 모릅니다.

글쓰기 연습, 2016년 9월 17일

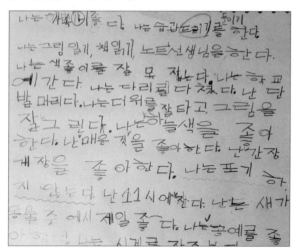

그리고 아이가 완성한 글을 천천히 읽어 보았는데, 제 눈을 확 사로잡은 문장이 하나 있었습니다.

"나는 포기하지 않는다."

속으로 몇 번을 읽고 또 읽었는지 모릅니다. 포기하지 않는 딸이 너무나 사랑스럽고, 고맙고, 자랑스러웠습니다.

아이 습관 만들기 프로젝트를 실천한 지 3년이 지난 지금은 아이 혼자서 습관 계획표를 만들고 스스로 알아서 실천하고 있습니다. 의무감에 겨우 하는 날도 있지만, 새로운 습관 행동에 대한 거부감은 많이 줄어든 것 같습니다.

사촌 언니와 사촌 동생들이 놀러 오면 어찌나 신나게 떠들고 노는지, 층간 소음이 염려되어 자제를 시켜 보아도 듣는 둥 마는 둥 합니다. 그런데 "딸, 오늘 습관 실천했어?"라고 물어보면, "아, 맞다. 오늘 안 했네."라고 하면서 바로 자기 방으로 들어갑니다.

딸에게 사촌들과 노는 즐거움이 얼마나 큰지 잘 압니다. 웃고 떠들고 장난치는 시간이 주는 기쁨을 습관 실천 때문에 멈춰야 하는 고통이 어떠할지도 충분히 상상이 갑니다.

가끔은 10분만 더 놀고 하겠다고, 저와 협상을 하려 할 때도 있습니다. 그러나 중요한 것은, 아이가 습관 실천이 주는 기쁨이 무엇인지 알아 가고 있다는 사실입니다.

딸아이와 제가 아이 습관 만들기 프로젝트를 처음 시작했던 때로 기억을 더듬어 올라가 봅니다. 그 시작점은 제가 책을 읽고 가슴을 찌르는 문장을 옮겨 쓰고 거기에 제 생각을 함께 메모하던 노트였습니다.

제 메모 노트를 보고 부러워하던 아이가 따라 하기 시작했지요. 자신이 읽던 동화책에서 모르는 단어가 나올 때, TV를 보다가 모르는 단어나 표현이 나올 때 사전을 찾아보고 메모를 했습니다. 그러고는 '아빠는 노트 선생님'이라고 이름을 붙이더니, 그 이름을 공책 표지에 꾹꾹 눌러썼습니다.

아이들은 부모의 말과 행동을 보고 듣고 따라 합니다. 윗물이 맑아야 아랫물이 맑다는 말이 증명하듯이, 부모의 습관이 물결처럼 아이들에게 퍼져 나갑니다.

"당신은 매일 어떤 습관을 실천하고 있습니까?"

나를 행복하게 하는 작은 습관 5가지

생각해 보자.

· 평범한 일상 속에서 나를 행복하게 하는 작은 일 5가지를 생각해 보자.
나는 무슨 일을 할 때 기쁘고 행복한가? 떠오르는 대로 적어 보자.

예 거북이를 행복하게 하는 일	나를 행복하게 하는 작은 일
· 혼자 카페에서 차 마실 때	
· 아이랑 함께 책 읽을 때	
· 가족을 위한 선물(간식) 살 때	
· 감사 일기 쓸 때	
· 카톡 친구와 소소한 대화 할 때	
· 수영장에서 수영할 때	

· 이 가운데 실행에 옮기기 쉽고 시간을 적게 써도 되는 일 또는 하고 싶은
일 5개를 고르자.
· 나를 행복하게 하는 일 5가지로, 나의 일주일이 계획적으로 즐거워지는
'월, 화, 수, 목, 금' 습관 목록을 만들어 보자.
나를 행복하게 하는 작은 일을 계획적으로 자주 하다 보면 나의 생각과
태도가 조금씩 변하기 시작할 것이다. 그것이면 충분하다.

⑩ 거북이의 행복한 일주일 습관

요일	월	화	수	목	금
습관	나 홀로 차 한잔	아이와 독서	친구와 카톡 수다	수영	가족 간식 사기
성공 (○,×)	○	○	○	×	○
실패할 경우, 언제 할까요?				토요일 대체 습관: 사우나 10분	

나의 행복한 일주일 습관

요일	월	화	수	목	금
습관					
성공 (○,×)					
실패할 경우, 언제 할까요?					

· 월, 화, 수, 목, 금. 하루에 하나씩 나를 행복하게 하는 습관 노트를 만들어 한 달 단위로 실천해 보자.

나만의 습관 실천 성공 비법

위대한 작곡가는 영감이 떠오른 뒤 작곡하는 것이 아니라 작곡을 하면서 영감을 떠올린다.

어니스트 뉴먼(Ernest Newman)

습관 1: 글쓰기 2줄

매일 작은 습관 3개를 실천하고 있습니다. 벌써 3년이 훌쩍 넘었습니다. 습관 3개 중 첫 번째가 '글쓰기 2줄'입니다.

글쓰기 습관은 초기 5개월 동안 제게 가장 큰 도전 과제였습니다. 최근에야 저만의 실천 방법을 우연히 발견해 글쓰기 습관이 가슴 떨리는 습관으로 바뀌는 신기한 경험을 했지요.

작은 습관 실천 초기 몇 달은 글 2줄 쓰기가 무척 힘들었습니다. A4 1장도 아니고 고작 2줄 쓰는 것이 뭐가 어렵냐는 분도 있겠지만, 제게는 그 2줄이 창작의 고통 그 자체였습니다. 회사에서 몇십 년을 보고서만 주야장천 쓰던 평범한 직장인이 개인적인 글을 쓴다는 것은 뇌가 느끼기에 엄청 낯선 행동이었기 때문입니다. 첫 문장을 시작도 하기 전에 머리가 아파 왔습니다. 뇌가 풍을 맞은 듯 생각이 마비되는 날도 많았습니다.

책상머리에 앉아 노트를 펼쳐도 한 줄도 쓰지 못할 만큼 글의 주제가 잡히지 않았습니다. 웬만한 글의 소재들은 이미 노트 한자리를 차지하고 있었기 때문에 새로운 글감을 찾기도 무척 고통스러웠습니다. 하루 일과를 꼼꼼히 되짚어 보면서 쓰레기통 뒤지듯 샅샅이 살피고 나서야 간신히 글쓰기 2줄을 성공할 수 있었습니다. 어떤 날은 노트를 펼치자마자 풍기는 냄새가 머리를 아프게 했습니다. 노트에서 삼시 세끼 일주일 내내 먹어야 했던 어머니의 곰국 냄새가 나는 날도 있었습니다. 초등학생이 개학 전날 밀린 방학 숙제를 후다닥 해치우듯 성의 없이 글을 쓰는 날이 늘어만 갔습니다.

글쓰기가 주는 중압감은 '어떻게 하면 자신의 생각을 다른 사람들에게 쉽고 명확하게 전달할 수 있을까?'라는 고민으로 수렴됩니다. 저 역시 그와 같은 고민에 빠져 쉽게 글을 써 내려갈 수가 없었지요. 그러던 어느 날, 우연히 고민의 실마리를 찾았습니다.

"알코올 중독자에게 술을 자제하라고 말하는 것은 전 세계에서 가장 극심한 설사병에 걸린 사람에게 똥을 자제하라고 말하는 것과 똑같은 일이다."

스티븐 킹의 『유혹하는 글쓰기』에 나온 글입니다. 이 얼마나 유머가 넘치고 이해하기 쉬우면서도 공감이 가는 글입니까. 이 글을 읽는 순간 짜릿함을 느꼈습니다. '똥'이라는 주제는 유머를 좀 한다는 사람들이 애용하는 조미료임에 틀림없습니다. 유머는 만국 공통어일 만큼 공감을 이끌어 내는 힘이 크다고 합니다. 스티븐 킹의 이 문장을 읽으면서 그 사실을 다시 한 번 확인했지요.

독자로서 책을 읽는다는 것은 행복한 일입니다. 그러나 늘 그렇지는 않다는 것 또한 사실입니다. 술술 읽히는 책도 있지만, 작가의 지적 수준을 따라가지 못할 경우 흥미를 잃고 책장을 덮어 버리는 일이 생길 수도 있습니다. 최악은 제목을 보고 선택한 책의 내용이 삼천포에 빠진 경우지요.

『유혹하는 글쓰기』를 처음 읽던 날, 저는 몇 장 읽기도 전에 책을 덮어 버렸습니다.

"에이, 이런 내용으로 어떻게 독자를 유혹하겠다는 거야?"

유혹하는 글쓰기 기술을 한껏 기대한 저에게 작가는 자신의 어린 시절부터 시간 순으로 일상다반사를 늘어놓았습니다.

책 속 어딘가에 유혹하는 글쓰기 비법이 숨어 있을 거란 기대로 다시 책을 읽어 나갔지요. 책의 중반부까지 내용을 확인하는 아량을 베풀었지만 스티븐 킹은 제가 베푼 아량을 발로 뻥 차 버렸지요. 마치 전기가 거의 떨어져서 깜박거리는 휴대폰 배터리 용량 표시처럼 인내심은 숨을 거두고,

그 책은 기억에서 사라져 갔습니다.

그리고 두어 달이 지났습니다. 그사이 몇 권의 책을 더 읽었는데, 그 책들 속에서 『유혹하는 글쓰기』가 종종 조연 배우로 등장했습니다. 마치 스티븐 킹이 지옥에서 다시 살아 돌아온 것처럼, 그 책을 다시 읽고 싶은 충동에 사로잡혔지요. 평온한 마음으로 하루를 시작한 어느 날 아침, 『유혹하는 글쓰기』를 다시 펼쳤습니다.

고백하건대, 태어나 지금까지 읽은 책 중 이렇게 저를 호쾌하게 웃게 만든 책은 없었습니다. 처음이었습니다. 작가를 사랑하고 또 사랑하게 되었지요. 그가 말하는 글쓰기 비법은 수학 공식이 아니었습니다. 그의 책 속에 등장하는 모든 문장들이 또 문단들이 글을 어떻게 써야 하는지에 대한 답이자 비법 그 자체였기 때문입니다.

글쓰기는 유머가 양념처럼 뿌려질 때 사람들의 입맛을 유혹하는 중독성 있는 음식이 된다는 걸 깨달았습니다. 유머는 사람들을 무장 해제시키고 공감하게 만드는 확실한 전략이었지요. 이후 저는 첫 문장에서 고민을 길게 하지 않게 되었습니다. 그 대신 가벼운 마음으로 글쓰기를 하게 되었지요. 글은 재미있어야 합니다. 그리고 쉬워야 합니다. 그래야 사람들을 유혹할 수 있습니다. 글을 쓰고자 하는 사람에게 제가 감히 조언을 하자면, 일단 힘을 빼고 첫 문장을 쓰라고 말해 주고 싶습니다.

또 다른 저만의 글쓰기 방법도 우연한 기회에 깨닫게 되었습니다. 어느 일요일 오후였습니다. 미용실에서 머리 염색(새치 커버 염색)을 위해 순서를 기다리고 있었지요. 그날따라 유독 손님이 많았습니다. 그 무렵 저는 '나를 변화시킨 놀라운 작은 습관'이란 주제의 글 4편을 블로그에 포스팅할 계획을 세우고 있었는데, 글은 아직 시작도 못했고 제목만 정한 상태였습니다. 멍하니 기다리고 있느니 뭐라도 써 보자는 생각에 휴대폰 메모장을 열었습니다. 그런데 놀랍게도 에세이 한 편의 뼈대를 아무런 고민도 고통도 없이 순식간에 완성해 버렸습니다. 처음으로 글쓰기의 희열을 느꼈습니다. 그때 무릎을 탁 치며 생각했습니다.

'글은 마감에 쫓겨 써야만 하는 것이 아니구나. 시간이 있을 때, 여유가 있을 때 쓰면 새로운 생각이 불쑥불쑥 튀어나와 나를 돕는구나.'

그 뒤로 글의 소재가 머릿속에 갑자기 떠오르면 그 순간을 놓치지 않고자 언제 어디서든 휴대폰 메모장을 열고 써 내려갔습니다. 가방 속에 노트가 있을 때는 노트를 꺼내 적고, 그조차도 없을 때는 손바닥에 적어 놓기도 했습니다.

책을 읽는 중에 떠오르는 생각들, 메모 노트를 읽다가 떠오르는 생각들, 회사 동료나 친구, 가족과 대화 중에 떠오르는 생각들, 샤워를 하거나 산책을 하거나 운동을 하다가 불현듯 별똥별처럼 떨어지는 생각들을 가능한 한 빨리 휴대폰 메모장에 적어 놓았습니다.

제 휴대폰 메모장에는 지금 60가지 정도의 글거리가 빼곡히 저장돼 있습니다. 기발한 생각이 떠오를 때마다 가던 길을 멈추고 서둘러 써 내려간, 긴박했던 순간의 기록들이지요.

이렇게 쓴 짤막한 글과 글거리들이 몇 번의 수정과 퇴고를 거쳐 블로그에 포스팅되었습니다. 어떤 글은 초고에서 완성까지 3~4일씩 걸리기도 합니다.

물론 그 글들이 완벽하다고는 절대 생각하지 않습니다. 다만, 메모하는 습관을 통해 자신의 생각을 글로 풀다 보면 글의 내용이 더 풍성해지고 글의 전달력은 점점 더 좋아진다는 사실 하나를 깨달았을 뿐입니다.

습관 2: 책 읽기 2쪽

저의 두 번째 습관은 책 2쪽 읽기입니다. 하지만 2쪽만 읽는 날은 거의 없습니다. 대부분 목표를 초과 달성합니다. 요즘에는 하루 평균 50쪽을 읽고 있습니다. 2쪽 정도 읽는 데 약 4분이 소요됩니다. 책에 따라 다르지만, 50쪽 정도 읽는다고 가정하면 하루 약 60분을 독서에 투자하고 있다는 계산이 나옵니다. 하지만 습관 목표를 '2쪽 읽기'에서 '50쪽 읽기'로 상향 조정할 생각은 없습니다. 높은 목표는 작은 습관 실천 규칙인 '습관 실천 소요 시간은 10분 이내로 설정'에 위배되기 때문입니다.

읽을 책 선택은 스스로 합니다. 가끔 아내가 권유하는 책을 읽을 때도 있는데, 아내는 자신이 읽은 책 중에서 제가 읽을 가치가 높다고 판단하는 책을 권유해 줍니다. 아내가 권하는 책들은 대부분 인문학 책입니다. 습관 관련 자기계발서나 자녀교육서만 편식하는 저에게 인문학이란 영양소를 보충해 주는 아내가 고마울 뿐입니다.

저는 주로 책을 읽다가 책에 언급된 책을 '읽고 싶은 책' 목록에 추가합니다. 블로그 이웃의 글 속에서 관심 분야(자기계발, 자녀교육, 교육심리, 인문학 등)의 책을 발견할 때도 책 목록에 추가합니다.

읽고 싶은 책 목록은 매일 새 옷을 갈아입듯 새로운 책들로 채워집니다. 구매한 책은 지워지고 새로 읽고 싶은 책이 추가되면서 업데이트되는데, 읽고 싶은 책의 수는 계속 더 빠르게 늘어납니다. 세상에는 읽고 싶은 책들이 너무나 많습니다. 이 또한 작은 습관이 가져온 큰 변화입니다. 저의 '읽고 싶은' 목록에는 현재 26권의 책 제목이 쓰여 있네요.

지금까지 크게 3가지 방법으로 책을 읽어 왔습니다. 첫 번째는 **눈으로만 읽는 방법**입니다. 예전에 저는 책에 상처 하나 남기지 않고자 눈으로만 책을 읽었습니다.

애지중지 아끼며 읽었습니다. 그랬더니 얼마 후 제 기억에 남은 것은 책 제목과 에피소드 몇 개가 전부였습니다. 조급한 성미의 제 눈은 책 속의 한 문장에 오래 머물려 하지 않습니다. 당연히 생각이 한 문장에 오래 머무는 일도 없습니다. 눈은 늘 다음 문장을 쫓기 바쁘고 눈길을 끌지 못하는 문단은 훌쩍 건너뛰기도 했습니다.

책 읽는 속도는 빨랐지만, 생각은 늘 눈을 따라가기 바빴습니다. 사색은 사치와도 같았습니다. 한 권의 책을 읽고 사냥하듯 다음 책을 펼쳐 들었습니다. 그러다 보니 책을 읽었음에도 사유의 공간은 유령 도시처럼 텅 비어 있었지요. 헤르만 에빙하우스의 망각곡선에 따르면, 우리의 기억은 1시간 뒤 55%, 하루 뒤 70%, 한 달 뒤 80%가 잊힌다고 합니다. 제가 지능이 떨어져서 책을 읽어도 기억을 못하는 것이 아니라고 위안을 삼았지요.

두 번째는 **손으로 읽는 방법**입니다. 망각곡선의 희생양이 되지 않으려면, 복습이 필요합니다. 복습은 메모를 통해 수월해집니다. 메모는 손을 사용해야 합니다. 책을 읽다가 마음에 와 닿는 부분에 밑줄을 쳐 두었다가 나중에 노트에 옮겨 적습니다. 그러면 뇌가 자연스럽게 복습을 하게 되어서 기억의 생명력이 늘어납니다.

손으로 읽는다는 것은 공부하듯 책을 꼼꼼히 읽는 것입니다. 마음을 치는 책장에서 생각이 마음껏 머무르도록 기다려 주는 것입니다. 당연히 책을 읽는 속도가 더딜 수밖에 없습니다. 손으로 읽는다는 것은 마음에 와 닿는 문장에 밑줄을 그으며 읽는 것입니다. 책 한 권을 다 읽고 나면 밑줄 친 부분만 다시 읽으면서 노트에 필사를 합니다. 밑줄 친 부분을 다시 읽으며 옮겨 쓰다 보면 책 전체를 요약하는 효과가 있습니다.

무엇보다 노트에 기록한 문장들은 나중에 글을 쓸 때 글거리를 제공해 주는 효자입니다. 빠르게 읽어 내리려는 눈의 허리춤을 붙잡아 놓고, 느긋하게 밑줄을 치고 여백에 메모를 하거나 그림까지 그려 가며 책을 읽는 것이지요. 손으로 읽다 보면 망각곡선의 함정에서 벗어나기도 하고, 때로는 유혹하는 글의 글감을 발견하기도 합니다. 운이 좋은 날에는 제가 지향하는 삶에 대한 지혜를 발견하기도 합니다.

글을 쓸 요량으로 책을 읽는다면, 손으로 공부하듯 책을 읽는 것이 정말 도움이 많이 됩니다.

세 번째는 **여러 권의 책을 번갈아 가며 읽는 방법**입니다. 한 권의 책을 끝까지 읽기보다는 2~3권의 책을 동시에 번갈아 가며 읽습니다. 지금 읽고 있는 책은 안데르스 에릭슨과 로버트 풀이 공저한 『1만 시간의 재발견』과 고영성의 『부모 공부』입니다.

『1만 시간의 재발견』은 심리학 실험을 통해 발견한 규칙과 이론을 바탕으로 글을 전개하고 있어서 집중력이 떨어지면 이해도 역시 확 떨어집니다. 책 읽는 속도가 달팽이처럼 느리지요. 이 책을 읽다 지칠 때 비교적 읽기에 부담이 없는 『부모 공부』를 읽음으로써 독서가 주는 행복감을 연장할 수 있습니다.

책 읽기는 정보를 습득하게 해 주고 사유의 깊이를 더해 주는 동시에 글쓰기 소재를 제공해 주기 때문에 멈출 수 없는 습관입니다. 책에서 얻은 정보들이 제 생각과 충돌하고 섞이고 연결 고리를 만들어 내면서 새로운 아이디어와 글의 소재로 재탄생할 때 느끼는, 용솟음치는 희열을 어찌 사랑하지 않을 수 있을까요.

책 읽는 습관의 비법은 특별한 것이 아닙니다. 책을 읽음으로써 얻게 되는 여러 가지 행복이 곧 비법이라 할 수 있습니다. 책 읽고 메모하고 글 쓰고 그리고 그 글을 사람들과 공유하고 피드백을 받는 과정에서 느끼는 행복이 책 읽기 습관의 성공 비법입니다.

습관 3: 팔굽혀펴기 5회

벌써 3년 넘게 팔굽혀펴기 습관을 실천해 오고 있습니다. 그리고 팔굽혀펴기 습관을 실천한 지 3개월 되던 2016년 7월에는 25년간 피워 오던 담배를 끊었습니다. 팔굽혀펴기와 금연 사이에 유의미한 관계가 있다는 증거는 아직 찾지 못했습니다.

그러나 팔굽혀펴기를 실천하는 중에 담배에 대한 거부감이 생겼고 하루 10개비에서 3개비, 다시 2개비로 줄여 나가다가 금연에 성공했습니다. 지금까지 약 3년 동안 담배와 담을 쌓고 살고 있지요.

과거에는 흡연 때문에 회사 업무에 지장을 줄 만큼 시간 낭비를 했습니다. 회사 전체가 금연 구역이기 때문에 흡연을 위해서는 회사 정문 밖으로 10분 정도 걸어 나가야 했기 때문이지요. 또 흡연 후에는 담배 냄새가 신경 쓰여서 자리에 앉기 전에 화장실에 가서 양치를 했습니다. 이렇게 하루에 3~4회 정도 흡연을 위해 회사 정문 밖으로 나갔다 돌아오면 대략 2시간을 허비하게 되지요. 하지만 금연 이후에는 흡연으로 낭비했던 2시간을 업무 처리에 사용하니 업무 집중도도 높아지고 퇴근 시간이 빨라져서 아이들과 보내는 시간이 늘어났습니다. 팔굽혀펴기 습관을 통해 최종적으로는 수영이나 자전거 타기 등 다른 운동 습관으로 확대해 나가는 것이 제 다음 목표입니다.

그런데 3년 넘게 꾸준히 실천한 팔굽혀펴기 습관에도 방해꾼은 있었습니다. 최대의 적은 회식과 저녁 모임이었습니다. 제 경우, 팔굽혀펴기는 행동 기반 습관이었습니다. 퇴근 후 샤워를 한 다음에 옷을 갈아입고 거실에서 팔굽혀펴기를 했거든요.

평일에 회식이나 저녁 모임을 마치고 집에 돌아온 날, 피곤한 나머지 샤워를 하지 않고 곧장 쓰러져 자는 경우 팔굽혀펴기도 건너뛰었습니다.

저만 회식이나 저녁 약속의 희생양이 된 것은 아닙니다. 다른 작은 습관 참가자들 또한 습관 실천의 실패 사유 1순위는 '육체적 피로'였습니다. 육체적 피로의 원인은 다양합니다. 회식, 저녁 약속, 야근, 출장, 집안일, 육아 등 너무나 많습니다.

회식이나 저녁 약속이 있는 날이면 의식적으로 제 자신에게 카톡 메시지를 반복적으로 보냅니다. 이런 시도를 시작한 건 2016년 8월부터이지요. 카톡 메시지 내용은 이러합니다.

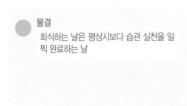

물결
회식하는 날은 평상시보다 습관 실천을 일
찍 완료하는 날

보통은 귀가하여 씻고 팔굽혀펴기를 하지만, 회식이나 저녁 모임이 있는 날은 약속 장소로 가기 전에 사무실 구석이나 빈 회의실에서 팔굽혀펴기를 합니다. 처음에는 그 모습을 누군가에게 들킬 때마다 창피했지만, 지금은 익숙해지니 괜찮아졌습니다. 습관 실천 실패에 따른 굴욕감에 비하면 잠깐의 쑥스러움은 아무것도 아니지요. 매일 아침 조깅을 하는 사람이 날씨 탓을 하고 운동복이나 준비물 탓을 하는 것, 스포츠센터에서 운동하는 사람이 휴일에 스포츠센터가 문을 닫으면 장소 탓을 하는 것 등은 완벽주의자들의 변명일 뿐입니다. 그런 변명이 고약한 냄새를 풍기며 제 입에서 발설되지 않기를 바랄 뿐입니다.

저녁 약속이 두 번 있던 주였습니다. 수요일에 직장 동료와의 약속, 금요일에 퇴사한 분과의 약속이 있었습니다. 약속 장소로 출발하기 전, 하루 습관 3가지를 모두 실천한 상태였습니다. 가벼운 몸과 마음으로 저녁 모임을 즐길 수 있었지요.

책 읽기 2쪽: 『1만 시간의 재발견』, 출근 버스, 6:20 a.m.
글쓰기 2줄: '놀라운 연결', 회사 화장실, 10:30 a.m.
팔굽혀펴기 5회: 회사 회의실, 5:10 p.m.

경험상 회식, 친구 모임 또는 야근이 있는 날에 귀가 후 습관 실천에 성공하면, 정말 억세게 운이 좋은 날입니다. 잘 알고 계시겠지만, 운이란 아주 가끔 우리 집에 찾아오는 반가운 손님일 뿐입니다. 작은 습관 제1원칙 '매일 100% 성공'이 가장 경계해야 할 달콤한 유혹입니다. 여러분이 지금 작은 습관 만들기에 도전하고 있다면 예측 가능한 회식이나 저녁 약속, 야근 있는 날에는 여러분 자신에게 의식적으로 카톡 메시지를 반복해서 보내길 바랍니다.

물결
오늘은 습관 실천을 일찍 완료하는 날

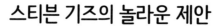

스티븐 기즈의 놀라운 제안

> 만약 당신이 힘들게 일한 시간을 핑계로 댄다면, 그것은 당신의 선택이다.
> 그러나 모든 사람은 자신이 중요하다고 믿는 것을 위해서는 1분을 투자할 수 있다.
>
> 스티븐 기즈(Stephen Guise)

　　작은 습관 실천 프로그램을 시작하고 나서 매달 '작은 습관 실천 보고서'를 작성해 작은 습관 참가자들과 공유하고 있습니다. 또한 그 보고서를 영문으로 번역한 다음 스티븐 기즈에게 이메일로 송부하면서 조언도 구하고 있습니다. 2016년 8월 초에는 그 전달 보고서를 보내며 다음과 같은 2가지 질문을 했습니다.

　　① 습관 실천율이 전월 대비 7월에 급격히 상승(66→97%)함에 따라 목표를 상향 조정하고 싶은 유혹이 있는데, 과연 목표를 상향 조정하는 이상적인 시기는 언제일까요?
　　② 지금까지 작은 습관의 대상은 성인이었는데, 아이들(8~12세 정도)

에게도 작은 습관 실천 프로젝트가 적용 가능할까요?

스티븐 기즈에게서 답장이 왔습니다. 그리고 뜻밖의 제안을 받았습니다. 제 보고서 자료를 그의 새 책에 인용해도 되는지 물은 것입니다.

처음 그를 내 롤모델로 결정하고 나서 이메일을 보내고 답장을 기다리며 얼마나 심장이 두근거렸던지, 아직도 생생하게 기억합니다. 그 이메일 이후 꾸준히 소통하며 지낸 지 3개월 만에 그의 새 책에 제 자료를 인용할 만큼 가치를 인정받았다는 것이 너무나 기쁘고 감사했습니다.

이 또한 '작은 습관의 위대한 힘'이라고 생각합니다. 작은 습관이 제 삶에 물결처럼 퍼져 나가더니, 대한민국을 넘어 미국의 제 롤모델에게까지 이른 것입니다.

스티븐 기즈에게서 받은 조언 내용을 정리하면 다음과 같습니다.

"첫째, 목표를 절대 상향 조정하지 마세요. 우리는 우리가
도달하길 원하는 수준의 목표를 정해야 한다는 잘못된 인식을 갖
고 있습니다. 작은 습관(하루 5분 책 읽기)의 목표는 달성해야 할 가장
높은 수치(천장)가 아니라, 습관 성공의 가장 낮은 수치(바닥)입니다.
언제든 하루 5분 책 읽기를 초과 달성할 수 있습니다.
둘째, 아이들에게 적용 못할 이유는 없습니다."

그러면서 제 보고서 내용을 그의 새 책에 인용해도 되는지 허락을 구해 왔습니다. 그 내용은 다음과 같습니다.

"저는 지금 『Mini Habits for Weight Loss』라는 책을 집필하고 있습니다. 그리고 습관 개수를 5개에서 3개로 줄였을 때 성공률이 향상되었다는 당신의 기록은 작은 습관이 추구하는 습관 개수를 결정하는 데 있어 매우 흥미로운 자료를 제공하고 있습니다. 따라서 제가 당신의 자료를 제 새 책에 인용해도 되는지 허락해 줄 수 있을까요?"

혼자 하는 습관에서 함께 하는 습관으로

습관은 인간 생활의 위대한 안내자이다.

데이비드 흄(David Hume)

2017년 2월 어느 이른 아침, 출근하려고 집밖을 나서니 하얀 눈이 수북하게 쌓여 있었습니다. 바람이 매섭게 부는 데다 길바닥도 미끄러워 발걸음을 재촉했지요.

집에서 출근 버스를 타는 곳까지 가려면 족히 15분은 걸어야 합니다. 큰길을 지나 5분쯤 걷자 작은 골목으로 이어지는 지름길이 나타났습니다. 평상시에는 잘 가지 않는 길이지만 강한 추위와 매서운 바람은 저를 그 길로 들어서게 했지요.

그 골목길은 아직 아무도 걸어간 흔적이 없었습니다. 하얀 눈으로 덮인 길과 하얀 나무들이 조화를 이루고 있는 그 모습은, 참 아름다웠습니다. 그 순백의 눈밭에 처음으로 족적을 남기며 뿌듯함도 느꼈습니다.

하지만 인적 없는 눈길을 100미터 정도 걷다 보니 불현듯 불안감이

엄습해 왔습니다.

'이 길로 가는 것이 맞는 걸까?'

혼란스러웠습니다. 인기척 하나 없는 고요함과 적막함, 앞도 잘 보이지 않는 어둠은 저의 불안을 가중시켰지요.

그런데 저 앞에 누군가의 발자국이 보였습니다. 어둠을 몰아내는 가로수 불빛도 나타났습니다. 발자국은 작았습니다. 발자국 앞쪽은 날카롭고 발자국 폭은 좁았습니다. 추측컨대 이름 모를 어느 할머니의 발자국 같았습니다. 그제야 안도의 한숨을 몰아쉬었습니다.

습관 만들기도 그와 같습니다. 혼자 하면 외롭고 두렵습니다. 아무도 지나간 흔적이 없는 눈길을 걸어가는 것처럼, 이 길이 맞는지 두렵고 불안하지요. 뾰족구두 신은 아가씨의 발자국, 운동화 신은 학생의 발자국, 날렵한 구두를 신은 직장인의 발자국이 어지럽게 눈밭을 수놓아야 안심이 되는 것처럼, 습관도 다양한 사람들과 함께할 때 더 자신감 있고 즐겁게 실천할 수 있습니다.

누구나 다 처음에는 조력자가 필요합니다. 그 할머니의 발자국처럼, 저도 작은 습관이란 신발을 신고 발자국을 남기고 싶습니다. 제 발자국이 습관 만들기에 도전하는 많은 사람들에게 안심과 확신을 줄 수 있기를 바랍니다.

미국 대학의 연구 조사에 따르면(Scranton, 2014년), 새해 다짐 후 6개월이 지나면 그중 절반도 안 되는 사람들만이 그 다짐을 계속 지키고 있다고 합니다. 또 새해 다짐 후 2년이 지난 시점에서는 19%의 사람들만이 여전히 그 다짐을 지켜 나가고 있다고 합니다. 작은 습관 1기의 경우도 미국 대학의 연구 조사와 일치합니다. 작은 습관 1기는 모두 12명으로 시작했는데, 6개월 지난 시점에서 6명으로 줄어 있었습니다.

더 흥미로운 것은, 작은 습관 참가자들이 습관 실천 2년 후 과연 몇 명이나 습관을 지속하고 있는지 추적 조사하는 과정일 것입니다. 미국 대학의 연구 조사처럼 2년 뒤 19%만이 습관을 실천하고 있을까요?

그렇다면 습관 조력자로서 제 역할은 무엇일까요? 작은 습관 실천 프로그램에 참가한 사람들이 미국 대학의 연구 조사와 똑같은 비율로 습관을 포기하는 것이 아니라, '6개월 뒤에도 또 2년 뒤에도 꾸준히 지속할 수 있는 방법을 연구하고 적용하여 그들이 스스로 삶을 변화시키도록 돕는 것', 이것이 습관 조력자로서의 제 역할이자 소명입니다. 작은 습관 3기의 습관 실천 결과가 보여 주듯이, 죽음의 계곡을 지나 지금까지 한 명도 중도 포기를 하지 않았고 무엇보다도 99%라는 높은 실천율을 지속해 오고 있기 때문에, 습관 조력자로서 뿌듯함을 느끼고 있습니다.

제게 있어 나이가 든다는 것은 '해야 할 의무 하나를 깨닫는 것'이었습니다. 여러 번의 실패를 통해 배운 소중한 교훈들을 우리의 다음 세대에게 알려 줄 수 있다는 사실을 기쁘게 받아들이고 있습니다. 지금까지 3년 넘게 작은 습관을 실천하고 있고 앞으로도 계속 실천할 계획입니다. 그리고 그 과정에서 배운 소중한 교훈과 통계 조사를 통해 이론을 정립하고 기록을 남기고자 합니다.

사람들은 주기적으로 찾아오는 삶의 큰 변화를 경험합니다. 돈, 명예, 꿈, 사랑을 찾기도 하고, 그것들을 잃고 상실감에 빠져 방황하기도 하며 때로는 깊은 슬럼프에 빠지기도 합니다.

'상실의 시대'를 살고 있는 젊은이들에게 저의 습관 실천 기록과 시행착오에 대한 글이 새로운 에너지와 목표를 발견하게 하고, 새로운 희망을 품도록 도와주는 촉매가 될 수 있기를 바랍니다. 그것이 저의 유일한 의무이자 소명입니다. 경영학의 아버지인 피터 드러커와 같이 저도 사람들이 목표를 설정하고 달성할 수 있게 도와준 사람으로 기억되길 바랍니다.

흔들리는 마음 다잡기

언변 강화를 통해 영향력 있는 리더가 되기 위해 '필사한 문장 읽고 녹음한 파일 100개 만들기'를 연간 목표로 세워 실천하고 있는 작은 습관 참가자가 있습니다.

그가 연간 목표를 실천에 옮기기 시작한 지 한 달 반 정도 됐을 때 그에게 위기가 찾아왔습니다.

그는 솔직하게 고민을 털어놓았습니다.

"언변 강화를 위해 실천하고 있는 '필사한 문장 녹음하기'가 정말 도움이 될까 하는 의구심이 생겼습니다."

고민 끝에 다음과 같은 답변을 메일로 보냈습니다.

"자녀가 친구들 앞에서 발표를 잘하게 하려면, 평소 책을 읽을 때 소리 내어 읽도록 연습시킵니다. 말을 하거나 이야기를 듣거나 상상을 할 때 참신한 생각이 번쩍 떠오를 때가 많기 때문이지요. 소리 내어 읽는다는 것은 좌뇌와 우뇌를 동시에 쓰게 하는 전뇌 활동으로 상상력과 창의력을 자극합니다. 창의적인 아이디어는 영향력 있는 리더가 되는데 분명 도움을 줄 것입니다. 팀원들이 창의적인 방법으로 문제를 해결할 수 있게 도와주는 리더는 존경을 받지요.

또한 리더는 말을 잘하는 것 못지않게 남의 말을 잘 들어야 합니다. 소통의 시작은 팀원들의 말에 귀 기울이는 것이며, 공감하고 진심으로

의사 전달을 하는 것이 아주 중요하기 때문입니다.

미국 UCLA 대학의 앨버트 메라비언 명예 교수에 따르면, 우리가 대화할 때 비언어적 요소가 더 큰 영향을 준다고 합니다. 비언어적 요소는 대화의 55%를 차지하는데, 여기엔 표정, 시선, 몸의 자세 등이 포함됩니다. 그리고 언어적 요소는 대화의 45%를 차지하는데, 이 가운데 7%만 말의 내용(메시지)이고 나머지 38%는 말하는 방법이 차지합니다. 말하는 방법에는 말소리의 속도와 크기, 음정, 억양 등이 포함되지요.

즉 소리 내어 읽고 녹음하여 들어 본다는 것은 말하는 방법을 훈련하는 것입니다. 청산유수와 같이 막힘없이 말하는 것은 우리의 대화 요소 중 단 7%에 불과할 뿐입니다. 말만 잘하는 영업 사원이 우대받는 시대는 지나갔습니다. 언변이 뛰어나지만 제품 설명하느라 자기 말만 끊임없이 내뱉는 영업 사원에게 유혹되어 물건을 구매하는 소비자는 점점 사라져 가고 있지요.

문장을 필사하는 것이 지금은 하찮게 여겨질 수도 있습니다. 그러나 분명 필사한 문장이 손을 맞잡고 연결되어 언젠가는 호소력 있는 연설문의 뼈대가 되리라고 믿습니다.

작은 습관은 장작을 피우기 위한 작은 불쏘시개에 불과합니다. 또는 자동차의 배터리일 뿐이지요. 자동차가 움직일 수 있도록 시동을 걸어 줄 뿐입니다.

자신의 목표인 '언변 강화를 통해 영향력 있는 리더가 되기' 위해 필사한 글을 읽고 녹음하는 것이 2017년 목표 달성에 도움이 될지 어떨지 의구심이 생긴다 해도 이상할 것은 전혀 없습니다. 사람은 본능적으로 결과를 보채는 습성이 있지요.

빠른 결과를 원하는 사람들은 지금 곤경에 처해 있는 경우가 많습니다. 곤경에서 벗어나기 위해 선택한 대안이 더딘 성장을 보여 준다면 초조해질 수밖에 없고, 조급한 마음에 금세 중단하고 다른 대안을 기웃거리며 시간을 낭비할 수도 있습니다.

작은 습관은 요술 보따리가 아닙니다. 원하는 성과를 후딱 만들어 여러분 앞에 짠 하고 보여 줄 수 없습니다. 목표가 그리 쉽게 달성할 수 있는 것이라면 우리 주변은 꿈을 이룬 사람들로 넘쳐야 합니다. 습관은 유비무환의 성격이 강하지요. 예측 불가능한 미래에 대비하기 위해서는 지루한 지금의 일상에 변화를 주어야 합니다.

자동차 배터리의 도움으로 시동이 걸린 엔진은 실린더 내에서 흡입, 압축, 폭발, 배기, 행정 과정을 통해 자동차를 움직일 동력을 생산합니다. 작은 습관도 마찬가지입니다. 스스로의 나태함과 게으름으로 멈춰 버린 꿈의 엔진을 작은 습관이란 배터리가 재점화시켜 줄 뿐이지요. 그 이후에는 스스로 땀을 흘려 피스톤을 움직여야 합니다.

그러나 너무 걱정할 필요는 없습니다. 엔진이 뜨거울수록 세상이 온통 당신의 꿈을 달성할 방법을 찾도록 프레임화될 것입니다. 책을 읽어도, 강연을 들어도, 노래를 듣거나 영화를 볼 때에도 당신의 뇌는 쉬지 않고 당신의 꿈을 달성할 방법을 찾으려고 땀을 흘릴 것입니다.

목표 달성에는 시간이 필요합니다. 경험치가 쌓여야 합니다. 믿음을 갖고 멈추지 말아야 합니다. 이것이 습관을 통해 목표를 달성하는 황금률입니다. 간단하지만 왕도는 없습니다. 그래서 사람들은 종종 요행이나 지름길을 찾으려고 기웃거리며 시간을 낭비하지요. 그러다 곧 포기하고 제자리로 돌아갑니다. 도돌이표 인생이지요.

　도돌이표 인생에서 탈출하려면, 매일 아침 습관 배터리가 시동을 걸게 해야 합니다. 그리고 당신의 엔진이 과거와 동일한 이유로 다시 멈춰 서지 않도록 땀을 흘려야 합니다. 어느 날 당신의 자동차가 목표 지점을 통과할 때까지, 매일 습관이란 배터리로 일상에 시동을 걸기를 응원합니다."

PART
·
05

카톡으로 평생 습관 만들기
- 실천편 -

습관을 통해 무엇을 얻을 수 있나?

흐르는 물은 웅덩이를 채우지 않고는 앞으로 나아갈 수 없다.

맹자(孟子)

2016년 8월, 약 5개월 동안 이어진 작은 습관 1기 활동이 끝나고 2기 회원을 모집할 때였습니다. 참가 신청자 한 분이 물었습니다.

"작은 습관 실천 프로그램을 통해 무엇을 얻고자 하는지 궁금해요."

세상에, 이렇게 멋진 질문을 받다니요. 그때까지 시간을 쪼개고 잠을 줄여 가며 왜 그 고생을 하는지, 제 자신에게 물어본 적이 한 번도 없었습니다. 작은 습관을 실천하면서 스스로 많은 변화를 겪었고 그 모든 과정이 행복했습니다. 그 긍정적 변화를 다른 사람에게 전파하고 싶었을 뿐이라고, 막연하게 파편적으로 생각하고 있었습니다.

2016년 2월 어느 날 『꿈꾸는 다락방』의 이지성 저자가 운영하는 '하루 관리 프로그램'에 참가했고, 거기서 11명의 참가자들을 만났습니다. 그때부터 그들과 함께 작은 습관을 실천했습니다. 제 역할은 모임의 리더로서 매일 참가자들의 습관 실천 결과를 카톡으로 받아 축적하는 것이었습니다. 극히 제한적인 역할이었습니다.

습관 실천 결과가 1주, 2주 쌓이면서, 누가 시키지 않았지만 혼자서 통계 분석을 했습니다. '작은 습관 실천 보고서'를 작성했습니다. 그 보고서를 참가자들과 공유했더니, 반응이 뜨거웠습니다. 이후 습관 관련 책들을 읽기 시작했고, 다른 습관 전문가들의 실천 방법이나 습관에 관한 견해를 보고서에 보탰습니다. 또한 오프라인 피드백 모임을 통해 서로의 습관 실천 성공, 실패 경험을 발표하고 실천율을 높이기 위한 방법을 함께 고민했습니다.

세상에 없던 그 멋진 질문이 제게는 이 책을 쓴 결정적 동기가 되었음을 고백합니다. 그 질문 덕에, 작은 습관에 대한 나의 철학뿐만 아니라 주부, 교사, 공무원, 직장인, 대학생 등 대한민국 보통 사람들과 함께 노력하고 검증한 습관 실천 기술을 투박하나마 내 언어로 정리할 수 있었습니다.

구본형 변화경영 전문가는 말했습니다.

"변화경영이라는 분야에서 성공하려면 먼저 스스로의 변

화에 성공해야 한다. 이것이 자격 요건이다. 나에게 적용되는 엄격한 규율을 만들었다. 첫째, 먼저 나에게 적용할 것. 반드시 성공할 것. 둘째, 상이한 조건에서 다른 사람이나 조직에 활용할 수 있는지 실험할 것. 내가 가지고 있지도 않은 것을 나누어 주려는 잘못을 범하지 말 것."

구본형 변화경영 전문가와 저의 인연은 2008년으로 거슬러 올라갑니다. 그해 퇴사와 입사를 반복하며 정신적으로 방황하고 있던 중에 그가 주관한 '나를 찾아 떠나는 여행' 프로그램에 참여했고, 거기서 운명처럼 제 아내를 만났습니다. 구본형 변화경영 전문가는 저희 두 사람의 결혼식 주례까지 맡아 주었습니다. 우리는 그를 '스승님'이라 부르며 공석에서 또 사석에서 많은 가르침을 받았습니다. 지금은 고인이 되셨지만, 그의 책을 요즘 다시 찾아 읽으며 그 가르침을 되살려 실행하고자 노력하고 있습니다.

제 스승이 그랬던 것처럼 저도 작은 습관에 대한 나의 철학과 실천 기술, 이 두 축을 스스로에게 직접 적용해 봄으로써 '평생 습관 조력자'로 변화하고자 합니다.

평생 습관 조력자를 지탱하는 두 중심축은 '2개의 철학', '1개의 실천 기술'입니다.

먼저 2개의 철학에 대하여 설명하고자 합니다. 2개의 철학 중 첫 번째 철학은 '**물결**'입니다.

이 책 '부모의 습관이 아이에게 퍼져 나가다'란 제목의 글(이 책 131쪽)에서도 확인할 수 있듯이, 부모의 습관은 아이의 습관 형성에 지대한 영향을 끼칩니다. 이러한 철학을 제 삶에 적용한 것이 바로 '아이 습관 만들기 프로젝트'입니다. 딸아이가 스스로 6개의 습관을 정해 월요일부터 토요일까지 매일 1개씩 실천하고 있습니다. 벌써 3년째입니다. 또 얼마 전부터는 작은아이도 습관 만들기 프로젝트에 동참하고 있습니다.

두 번째 철학은 '50/10'입니다. '50분 진지함, 10분 해학'이란 저만의 시간 철학입니다. 한 시간이 한 마디라면 하루는 24마디로 구성되어 있습니다. 저는 하루 24마디를 온전히 검고 어둡게 색칠하고 싶지 않았습니다. 50분 동안 진지함을 유지했다면 10분은 가볍고 발랄하게 채색하고 싶습니다. 제가 한 마디, 한 마디 찍은 해학의 쉼표가 그다음 마디로 이어지는 윤활유 역할을 하길 소망합니다.

50/10은 『신화와 인생』에 언급된 조지프 캠벨의 철학과 절묘하게 연결되어 있습니다. 참으로 놀랍고도 가슴 설레는 문장입니다.

"여러분이 현재 처한 상황을 희극적인 시각으로 바라보면 여러분은 영적인 거리를 얻게 된다. 결국 유머 감각이 여러분을 구원하리라."

50/10 철학은 내 삶 속에서 매일 적용되고 있습니다. 아이와의 갈등 속에서도 해학은 피어나고, 회사 동료들과의 회의 시간에도 희극적인 시각은 무거운 공기를 몰아내고 거짓말처럼 긍정적 결과를 잉태하곤 합니다.

작은 습관에 대한 나의 실천 기술은 '**스스로의 변화에 먼저 성공할 것**'입니다. 작은 습관 실천 프로그램에 여러 사람들과 동참함으로써 제 삶에 직접 적용하고 있습니다. 구본형 작가가 강조한 것처럼, 내가 직접 습관을 실천해 보고 또 성공하고 나서야 다른 사람에게 적용할 수 있다고 믿기 때문입니다. 실제로 작은 습관을 제 삶에 적용하였고 큰 변화를 경험했지요. 이처럼 실천 기술은 직접 경험 및 시행착오를 통해서만 다듬어지고 구체화됩니다.

작은 습관 1기의 경험을 통해 세밀하게 다듬어지고 검증된 노하우가 2기에 적용되었습니다. 1기와 2기 참가자들의 시행착오가 훌륭한 교훈이 되어 작은 습관 3기에 반영되었습니다. 열매가 수확되는 과정을 관찰하고 기록하고 공유함이 얼마나 행복한지, 제가 배운 언어로는 표현하기가 부족할 따름입니다.

작은 습관을 실천하면서 제 삶에 큰 변화가 찾아왔듯, 다른 사람들의 삶에도 변화가 찾아왔습니다.

1기 참가자 A씨는(중학교 교사, 여, 30대) 다음과 같은 삶의 변화를 경험했습니다.

"사진을 이용해 꿈 명상을 하고 있는데 꿈 명상한 것 중 많은 것들이 이루어졌습니다. 대학원 시험을 무사히 통과하는 모습을 명상했는데, 바라던 대로 되었습니다. 미술 전시회를 여는 모습을 상상했는데, 공모전에 뽑혀서 제 그림이 전시되었습니다. 그리고 허약 체질이었던 제가 스쿼트를 꾸준히 하면서 힘이 많이 좋아졌다고 운동 코치로부터 칭찬까지 받았습니다. 운동 코치가 역시 꾸준함을 이길 수 있는 것은 없다고 감탄했습니다."

2기 참가자 H씨도(회사원, 여, 30대) 삶의 변화를 경험했습니다. 그녀의 피드백을 그대로 옮겨 보겠습니다.

"어떤 변화가 있었냐 하면, 신년 계획을 세울 때 예전 같았으면 성공 가능성이 높지 않은 어려운 목표를 잡았을 겁니다. 그러나 지금은 목표를 세분화해서 어렵지 않은 목표를 세우고, 또한 지켜지지 않으면 그 목표를 낮춰서 혹은 대체 목표를 이용해 이루어 내려고 노력합니다. 예를 들어 예전에는 '다이어트로 체중 5kg 감량' 등 목표를 높게 설정했습니다. 그러나 올해는 '계단 오르기 1회 실시'로 목표를 낮춰 매일 실천하니, 습관을 계속 이어 나갈 수 있었습니다."

작은 습관 실천의 결과를 물음표가 아닌 느낌표로 전환할 수 있는 비법은 직업적, 개인적 꿈과 작은 습관을 연결하는 것입니다. 실제로 작은 습관 1기 중 높은 실천율을 보이는 참가자들은 개인적인 꿈이나 직업적인 꿈이 있었습니다. 그 꿈들은 뱀이 똬리를 틀듯 게으름을 옥죄고 있었습니다. 작은 습관에 있어 꿈이란 샤크티(sakti), 즉 에너지입니다.

습관을 시작하는 아주 쉬운 방법

혼자 가면 빨리 갈 수 있지만 함께 가면 멀리 간다.

아프리카 속담

　　우리는 대한민국이라는 거대한 집단 안에서 한 사람의 국민으로 살아가고 있습니다. 유명인이 아닌 이상 개개인은 익명성이 보장되는 삶을 살고 있지요. 여러분이 명동 한복판에서 침을 뱉는다 해도 알아채고 지적할 사람은 없습니다. 휴대폰을 열고 인터넷 포털에 들어가 말도 되지 않는 소리를 해도 아무도 상관치 않을 수 있습니다. 심지어 이름을 묻는 일은 더욱 없습니다.

　　습관 실천도 마찬가지입니다. 혼자 습관을 실천하는 것은 익명성이 보장되기 때문에 습관 안착에 실패해도 누구 하나 여러분의 이름을 묻거나 이유를 파헤치려 하지 않습니다. 습관은 철저히 자기 자신과의 약속이기 때문에 익명성이 보장되며, 구속력은 약할 수밖에 없습니다.

　　그런 의미에서 혼자 힘으로 매일 몇 가지 습관을 오랜 세월 실천하는 분들에게 진심으로 존경을 표합니다. 일례로 오프라 윈프리는 사회적 지위와 상관없이 누구나 포용하며 상대를 편하게 대하는 습관을 실천하고 있습니다. 이러한 습관은 토크쇼 출연자들과 진정한 소통을 할 수 있도록 이끌었고, 그녀는 토크쇼의 일인자로 자리매김하였죠. 또 월트 디즈니의 최고경영자 밥 아이거는 매일 새벽 4시 30분에 일어나 독서를 합니다. 많은 사람들이 이런 이들과 인터뷰하면서, 실천 노하우를 전수받고 싶어 합니다. 또한 이들의 강연도 듣고 싶어 합니다. 그래서 이들의 습관을 따라 해 보기도 합니다.

하지만 혼자 습관을 실천하려면 자기 절제가 뛰어나야 하기 때문에 성공 확률이 희박합니다. 혼자 습관을 실천하고 유지하는 분들이 더 빛나 보이는 이유입니다.

혼자 하는 습관 실천이 실패 확률이 높다면, 성공률을 높이기 위한 방법은 무엇일까요? 그것은 바로 익명성을 탈피하는 것입니다. 나를 일반 명사에서 고유명사로 노출시켜 습관을 실천하는 방법입니다. 자신을 고유명사화하는 효과적인 방법 중 하나는 모임이나 공동체에 소속되는 것입니다. 습관을 실천하여 불만족스런 현재의 삶에 변화를 주고 싶은 사람들이 모여 있는 곳에 가서 당당히 자신의 이름을 밝히고 고유명사로 대해 줄 것을 요청하면 됩니다.

환경을 통제함으로써 자기를 통제하는 사전 조치 전략의 적절한 예가 바로 '작은 습관 실천 프로그램 참여'입니다. 영어 회화를 잘하고 싶으면 영어 학원에 등록하여 강제로 영어 수업을 받도록 사전 조치를 취해야 합니다. 마찬가지로 습관 실천을 통해 삶을 변화시키고자 한다면 그에 맞게 자신의 환경을 통제해야 하겠지요. 습관을 가르치는 학원이 있다면 등록하여 배우면 되겠지만, 아쉽게도 대한민국에 습관을 알려 주는 학원은 없습니다.

그렇다면 습관에 대해 공부하고 습관을 길러 나갈 수 있는 가장 현실적이고 효과적인 방법은, 목표가 같은 사람들끼리 모여 당당히 자신의 이름을 밝히고 함께 공부하고 실천하고 점검하는 것입니다. 공동체의 장점은 목표가 동일한 사람들과 생각을 공유하고 피드백을 주고받음으로써 더 쉽게 목표로 나아갈 수 있다는 점입니다. 서로 자극을 주고받으며 동반 성장할 가능성도 높아집니다. 부자가 되려면 부자가 될 사람과 어울려야 하듯이, 골프를 잘 치고 싶으면 골프를 잘 치는 사람들과 어울려야 하듯이 삶의 변화를 꿈꾸는 사람은 습관을 실천하는 사람들과 어울려야 합니다.

공동체에 소속되어 고유명사로 존재하는 순간, 여러분의 습관 실천 결과가 매일 공유될 것이며, 여러분 또한 다른 사람들의 습관 실천 결과를 지켜보면서 자극도 받고 격려도 하고 함께 또 따로 꾸준히 앞으로 나아갈 수 있습니다.

누구나 습관을 만들어 가는 초기에는 조력자의 도움이 필요합니다. 조력자는 거창한 사람이 아닙니다. 먼저 습관을 실천하고 있는 사람일 수도 있고 함께 습관을 실천하고 있는 동료일 수도 있습니다. 중요한 것은 뜻이 같은 사람들로 여러분 주변을 채우는 것입니다.

"뜻이 있는 곳에 길이 있다"고 했습니다. 지금 바로 뜻이 있는 곳에 찾아 들어가 자신의 이름을 밝히고 공부와 실천에 동참하길 바랍니다.

평생 습관 프로젝트

아무리 작은 일이라도 정성을 담아 10년간 꾸준히 하면 큰 힘이 된다.
20년을 하면 두려울 만큼 거대한 힘이 되고, 30년을 하면 역사가 된다.

중국 속담

작은 습관 실천 프로그램이란?

작은 습관 실천 프로그램은 스티븐 기즈의 작은 습관을 가장 멀리, 그러면서도 진정 독립적으로 확장시킨 습관 프로그램입니다. 달리 말해, 지금 여기를 살아가는 평범한 사람들에게 최적화한 평생 습관 프로젝트입니다. 작은 습관 실천 프로그램은 3년이 넘는 기간 동안 많은 사람들이 함께 참여해 고민하고 토론한 결과로 여러 시행착오를 거쳐 수정, 보완되었습니다. 또 작은 습관 참가자들의 성장과 함께 그 실천 전략이 진화, 발전되고 있습니다.

세상을 변화시키고 싶으세요? 침대 정돈부터 똑바로 하세요.

출처: 유튜브 '포크포크', '해군대장, 세상을 바꾸고 싶다면, 침대 정돈부터 시작해' 캡처

작은 습관 실천 기법: SWAP 기법

작은 습관 실천 프로그램은 체계적인 절차를 거쳐 치밀하게 운영되고 있습니다. 저는 이 절차를 'SWAP 기법'이라고 명명하였습니다. SWAP 기법은 작은 습관을 실천함에 있어 Select, 즉 습관을 정해서 실천하고, Write, 즉 습관 실천 결과를 기록하고, Assessment, 즉 습관 실천 성공과 실패에 대해 평가 및 피드백을 하고, Payback, 즉 스스로에게 보상을 하여 습관을 계속 유지시켜 나가도록 지원하는 과정입니다.

작은 습관 관리 도구: 카톡(SNS)

작은 습관 참가자들은 매일 습관을 실천한 후 그 내용을 다음 날 정해진 시간에 단톡방에 올려 참가자들과 공유합니다. 카톡으로 공유하는 정보는 3가지입니다. 습관 실천 성공 목록과 개수, 습관 실천 실패 목록, 실패 사유가 그것입니다. 예를 들면 다음과 같은 형식입니다.

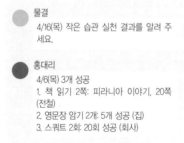

습관 조력자는 참가자들의 습관 실천 결과를 모으고 분석하여 매달 '작은 습관 실천 보고서'를 작성해 공유합니다. 또 한 달에 한 번씩 피드백 모임을 통해 함께 토론하고 격려하는 소통의 놀이터를 제공합니다.

작은 습관 실천 운영 규칙

작은 습관 실천 운영 규칙은 다음과 같으며, 아주 간단하고 쉽습니다.

① 습관 실천 결과(성공, 실패, 실패 사유)를 다음 날 오전 9~10시에 카톡으로 공유한다. 주말, 공휴일도 예외는 없다.

② 명절, 여행 등 특수 상황 시 대체 습관을 활용하되, 그 이유를 단톡방에 공유한다.

③ 정해진 시간에 부득이하게 단톡방에 공유를 못한 경우, 습관 조력자에게 카톡으로 습관 실천 결과를 별도 송부한다. 이렇게 하는 이유는 다른 참가자에게 카톡 알림 소리가 방해 요소로 작용하는 것을 방지하기 위함이다. 만약 자정(밤 12시)까지 전날 습관 실천 결과를 습관 조력자에게 카톡으로 전송 못한 경우, 습관 실천에 실패한 것으로 처리한다.

④ 출장이나 세미나 등 인터넷 접속 제한 상황 시 습관 조력자에게 사전 통보한다. 출장 중 습관 실천 결과는 잘 모아 두었다가 일상 복귀 후 습관 조력자에게 카톡으로 일괄 송부한다. 이와 같

은 규칙 내용을 준수하지 않고 하루 이상 거른 경우, 습관 3개를 모두 실패 처리한다.

⑤ 월 단위 습관 실천 보고서를 공유한 직후 오프라인 피드백 모임을 실시한다.

작은 습관 실천 프로그램은 아주 간단하고 쉬워서 누구나 실천 가능합니다. 그리고 습관은 당신의 삶을 매일 조금씩 천천히 변화시켜 어제보다 나은 오늘을 선물합니다. 더 놀라운 사실은, 여러분의 작은 습관이 물결처럼 퍼져 나가 여러분 주변 사람들에게까지 긍정적인 영향을 준다는 것입니다.

작은 습관 실천의 핵심 동력

작은 습관 실천 프로그램의 핵심 동력은 공동체 참여의 효과, 청중효과, 공개선언효과입니다.

첫째, 공동체 참여의 효과에 대해 찰스 두히그는 『습관의 힘』에서 이렇게 말했습니다.

"동일한 신호와 동일한 보상을 유지하면서 새로운 반복 행동을 더하라. 그리고 스스로 변할 수 있다는 믿음과 그 믿음을 당신에게 심어 줄 공동체를 찾아내어 결심이 흔들릴 때마다 그들의 도움을 받아라."

습관 실천은 외롭고 지루한, 자기 자신과의 싸움입니다. 그렇지만 사람에게는 사람이 약입니다. 결심이 흔들릴 때마다 도움을 받을 수 있는 누군가가 옆에 있다는 사실만으로 큰 위로가 되고 격려가 됩니다. 또 내가 결심한 것을 다른 사람과 공유할 때 강제력이 생기고 실천을 지속할 수 있는 힘이 커집니다.

둘째, 청중효과(Audience Effect)는 사람들이 나를 주목하고 있음을 의식할 때 성취도가 달라지는 효과입니다. 습관 실천 결과를 다음 날 정해진 시간에 카톡으로 공유하는 것은 청중효과의 훌륭한 예입니다. 실제로 이제까지 작은 습관 실천 프로그램에 참가했던 사람들의 피드백을 살펴보면, 카톡으로 습관 성공 개수와 실패 개수를 공개하는 것이 성취도에 영향을 주었음을 확인할 수 있습니다.

셋째, 공개선언효과(Public Commitment Effect)는 자신의 목표를 말이나 글로 타인 앞에서 '내 목표는 이것이다'라고 과감히 선언하는 것입니다. 선언하는 순간, 이미 뒤로 물러날 수 없게 되어 목표를 향해 노력하게 되지요.

평범한 사람들이 위기에 미리 대처하기 위한 가장 현실적인 방법이 바로 습관입니다. 그러나 나에게 좋은 습관, 이로운 습관일수록 중도 포기하게 되는 등 실패율이 높기만 합니다. 결심을 단단히 하고 '올해는 과거와 다른 한 해가 될 것'이라고 스스로에게 다짐해도, 어느 사이엔가 흐지부지됩니다. 새해 결심이든, 중간 결심이든 다 마찬가지입니다. 그 이유 중 하나는, 혼자 마음속으로 은밀하게 다짐했기 때문입니다. 일기장이나 다이어리에 목표를 적어 놓았더라도, 남들 앞에서 공개적으로 선언하지 않는 이상 별다르지 않습니다.

혼자서 한 결심이나 선언의 장점은, 언제 포기해도 남들에게 체면이 깎이지 않는다는 사실입니다. 의지박약이라고 비아냥거리는 소리를 들을 일도 없지요. 하지만 이러한 안도감이 습관 실패를 반복하게 만드는 마약이자 아킬레스건입니다.

우리는 일상에서 공개선언효과를 자주 이용합니다. 담배를 끊으려고 단단히 벼른 김 과장이 "앞으로 내가 담배 피는 것을 목격한 사람에게 거금 10만 원을 주겠다"라고 목에 힘주어 말하는 것이 흔한 예입니다. 몸무게를 5kg 줄이고자 정 여사가 "오늘부터 저녁을 굶겠다"고 가족에게 약속하는 것도 공개선언효과를 노린 예이지요.

운동선수들도 공개선언을 통해 목표 달성 의지를 굳건히 합니다. 통산 홈런 714개를 기록한 베이브 루스는 1932년 월드 시리즈에서 손으로 홈런 방향을 예고했고, 실제로 그 방향으로 홈런을 날렸습니다. 미국 메이저리그 역사상 가장 극적인 홈런 중 하나로 손꼽히지요. 권투 선수들도 상대의 기를 제압하고자 또 스스로에게 다짐하고자 시합 전 인터뷰에서 "3라운드 안에 KO로 승리하겠다"라고 호언장담하곤 합니다.

그렇다면 보통 사람인 우리가 새로운 습관을 들이기로 결심했다면 어떤 방법으로 공개선언을 할 수 있을까요?

우선 블로그나 페이스북 등 SNS에 공개적으로 선언할 수 있습니다. 그러나 불특정 다수에게 선언하는 것은 도심 속 빌딩 옥상에서 저 아래 행인들을 내려다보며 자신의 꿈을 외치는 것과 매한가지입니다. 불특정 다수의 행인들은 당신이 누구인지, 당신의 꿈이 무엇인지 전혀 관심이 없습니다.

또 다른 방법은 가족이나 친구들, 직장 동료들 앞에서 선언하는 것입니다. 그러나 이 방법은 지속적인 피드백을 기대하기가 어렵습니다. 여러분의 습관 실천에 관심을 갖고 매일 점검해 줄 만큼 그들은 한가하지 않습니다. 공개선언 후 처음 몇 주는 관심을 보일 수 있지만, 시간이 지날수록 여러분의 목표는 그들의 관심에서 멀어집니다. 습관의 생명이 지속성임을 감안할 때 이 방법 역시 그다지 효과적이지 않습니다.

가장 이상적인 방법은, 우리의 습관 실천 여부를 매일 점검해 주고 우리의 결심이 흔들릴 때마다 응원해 주는 공동체를 찾는 것입니다.

습관은 자신과의 지루한 싸움입니다. 혼자 하면 외롭고, 지치고, 자기 합리화를 하다가 포기하기 쉽습니다. 같은 뜻을 가진 동료들과 매일 습관을 실천하고 기록하고 정기적으로 피드백을 받아야 합니다. 그래야 결심이 흔들릴 때마다 격려와 응원을 받아 의지를 다지고, 자극도 받을 수 있습니다. "혼자 가면 빨리 갈 수 있지만 함께 가면 멀리 간다"는 아프리카 속담처럼, 목표에 빨리 도달하려고 서두르고 욕심을 내는 순간 뇌의 거부감은 커지고 결국 습관 실천을 중도 포기하게 됩니다.

하지만 공동체에 소속되기 힘든 상황이라면 부모님, 친구 또는 직장 동료와 함께 습관을 실천하길 바랍니다. 이마저도 여의치 않으면, "ㅇㅇ 습관을 만들기 위해 매일 실천하고 있다"라고 주위 사람들에게 공개적으로 이야기하고 선언이라도 해야 합니다.

우리의 의지력은 처음엔 대단합니다. 활활 타오르는 열정은 돌도 소화시킬 수 있죠. 그런데 잘 생각해 보세요. 아무리 맛있는 음식도 3일 연속으로 먹으면 질립니다. 한계효용 체감의 법칙(소비자가 재화 1단위당 추가로 얻는 효용의 증가분이 점점 줄어드는 현상)이 적용되기 때문이지요. 가령 더운 여름날 맥주 한 캔을 마신다 치면, 처음 서너 모금에 아주 시원한 느낌을 받습니다. 하지만 그 이상 마시면 처음 느꼈던 효용(시원한 맛)은 차츰 줄어들고 배가 부

190

르기 시작합니다. 마찬가지로 우리의 열정과 의지도 시간이 지날수록 점차 고갈됩니다. 고갈되는 의지력을 보충하기 위해서는 격려와 응원이 도움이 되지요.

다시 한 번 강조하지만, 혼자 몰래 하는 습관 실천은 중도에 그만두어도 아무도 모릅니다. 포기에 따르는 죄책감도 미약합니다. 나태했던 과거의 나와 뜨거운 포옹을 한다 해도 어색할 게 없습니다. 그러고 나면 무기력을 한 번 더 학습하지요.

작은 습관 실천 프로그램은 어쩌면 여러분이 찾는 최적의 공동체일 수 있습니다. 왜냐하면 여러분의 공개선언에 대한 실천 결과를 매일 관찰하고 기록할 뿐 아니라 그 기록을 바탕으로 습관 실천의 '최대의 적'을 색출하도록 도와주기 때문입니다. 또한 습관의 적을 이길 수 있는 전략을 함께 고민하고 연구하기 때문입니다.

작은 습관 1단계 - 습관 3개 엄선하기

출발하게 만드는 힘이 동기라면 계속 나아가게 하는 힘은 습관이다.

짐 라이언(Jim Ryan)

습관 목록은 즉흥적으로 정하면 위험합니다. 여기서 위험하다는 것은 습관 실천을 중도에 포기할 확률이 상대적으로 높다는 뜻입니다. 만약 습관 목록이 여러분의 개인적 또는 직업적 꿈과 연결되어 있지 않다면, 습관을 지속할 명분과 동기가 곧 시들해지고 꾸준함은 힘을 잃게 됩니다. 꾸준함을 잃는다는 의미는, 습관 실천율 100%에 이르지 못하는 날이 많아지고 결국 과거에 나태했던 일상으로 돌아간다는 것입니다. '자포자기'라는 습관 청산 절차를 다시 밟게 되지요.

그렇기 때문에 첫 단추는 정말 중요합니다. 작은 습관의 첫 단추는 바로 '하루 10분 실천할 습관 3개'를 엄선하는 것입니다. 엄선한다는 것은 고민이 수반되어야 함을 뜻하지요.

마치 〈복면가왕〉* 3라운드에 진출한 참가자들이 어떤 노래를 부를

지 결정하는 것만큼 중요합니다. 자신의 목소리에 가장 맞는 노래를 전략적으로 선택한 후 진심을 담아 노래해야만 우승할 가능성이 높기 때문입니다.

작은 습관 목록을 만드는 방법은 크게 2가지가 있습니다. 작은 습관 참가자들이 시행착오를 겪으며 터득한 방법입니다. 첫 번째 방법은 개인적, 직업적 꿈과 습관을 연결하는 것입니다. 두 번째 방법은 개인적, 직업적 꿈이 아직 없을 경우 다른 사람의 습관 목록에서 3개를 선택하여 실천하는 것입니다. 그리고 나중에 자신의 목표가 선명하게 섰을 때, 첫 번째 방법으로 옮겨 가면 됩니다. 단, 작은 습관 목록을 만들 때 2가지 방법 중 어떤 것을 택하든 하나의 동일한 원칙을 적용해야 합니다. 많은 회사들이 직원들의 목표를 설정할 때 적용하는 SMART 기법이 바로 그것입니다.

SMART 기법

S(Specific): 구체적으로
M(Measurable): 측정 가능하도록
A(Action - oriented): 행동 지향적으로
R(Realistic): 현실성 있게
T(Time limited): 시간의 제한을 두어

---

* 2015년 4월부터 매주 일요일 저녁에 MBC에서 방송하는 예능 프로그램. 가수뿐 아니라 가수가 아닌 사람들이 복면을 쓰고 노래를 불러서 평가를 받는다.

다행인 것은, 작은 습관은 '작고 사소한 습관을 선택하여 매일 실천한다'는 의미를 이미 내포하고 있기 때문에 SMART에서 ART(Action-oriented, Realistic, Time limited)는 잊어버리고 SM, 즉 '구체적으로(Specific)', '측정 가능하도록(Measurable)' 설정하면 됩니다.

구체적으로(Specific)

작은 습관 목록 만들기의 첫 번째 방법은, 개인적 또는 직업적 꿈과 작은 습관을 연결하는 것입니다. 습관은 자신의 꿈이 있는 곳으로 여러분을 데려다줄 징검다리 역할을 해 줄 것이기 때문입니다.

습관 목록을 정할 때 저는 직업적 목표인 작가와 연계해 '글쓰기'를 핵심 습관으로 정했습니다. 그리고 이를 지원하기 위해 '책 읽기'를 보조 습관으로 추가했으며, 글쓰기와 책 읽기를 꾸준히 실천할 체력을 강화하기 위해 '팔굽혀펴기'를 마지막으로 추가했습니다. 저의 습관 3개는 유기적으로 연결되어 서로 보완해 주고 있습니다.

꿈과 습관의 관계를 설명하기 위해 작은 습관 참가자들의 예를 살펴보겠습니다. 결론부터 말하자면, 꿈이 핏빛처럼 선명하게 있는 사람과 아직 찾고 있는 사람의 습관 지속성에는 분명한 차이가 있습니다.

● 중학교 교사 A씨(여, 30대)

1기 참가자 중 중학교 교사인 A씨의 직업적 꿈은 교과서 집필입니다. 이 꿈을 이루기 위해 꿈 명상, 일기 쓰기, 스트레칭 5분 하기를 포함하여 총 5가지 습관(처음 3개월간 5개 습관을 실천하다가 이후 3개로 줄임)을 엄선하였고, 지금까지 1년 넘게 실천해 오고 있습니다. 꿈 명상은 머릿속으로 꿈을 이룬 자신의 모습을 생생하게 그려 보는 것입니다. 직업적 꿈을 이루기 위한 핵심 습관으로 선정하여 매일 실천하고 있습니다. 또 글쓰기 능력을 향상시키고자 일기 쓰기를 보조 습관으로 선정하여 실천하고 있습니다. 교과서 집필에 필요한 지구력 향상을 위해 처음 몇 달은 버스 정거장 1코스 걷기를 실천하다가 어느덧 이것이 뇌에 거부감을 주지 않는 습관으로 안착되어, 스트레칭 5분을 새로운 운동 습관으로 정해서 실천해 오고 있습니다.

● 사회 초년생 B씨(남, 20대)

1기 참가자 B씨는 사회 초년생으로 구체적인 직업적 꿈은 없지만 자기계발을 하여 사회적으로 성공하려는 의욕이 넘쳤습니다. 그는 그림 1작품 그리기, 책 2쪽 읽기, 궁금한 정보 1개 검색 후 프린트하기를 포함하여 5개 습관을 실천하기로 정했습니다. 습관 목록의 분야가 미술, 독서, 정보 검색 등으로 다양합니다. 첫 번째 달은 놀랍게도, 참가자 중 유일하게 5개 습관 모두 매일 100% 실천하는 기염을 토했습니다. 그러나 두 번째 달이 되자, 그의 열정은 조금 식었고 실천율이 86%로 떨어졌습니다. 심각한 문제는 세 번째 달에 찾아왔습니다. 사회 초년생이다 보니,

생업에 투자하는 시간이 늘어났고 육체적 피로로 열정의 온도가 확 내려
갔던 것입니다. 그는 습관 실천을 포기하겠다고 선언했습니다.

B씨의 습관 목록을 유심히 들여다보다가 그의 꿈이 미술가였다면
어땠을까 생각해 보았습니다. 그림 1작품을 그리고, 미술에 관한 책을 2쪽
읽고, 미술사에 대한 정보를 검색했다면 이렇게 빨리 습관을 포기하지 않았
을지도 모릅니다.

아래 표는 작은 습관 1기 참가자 가운데 중도 포기한 사람의 수를
보여 줍니다. 첫 달은 12명 모두 습관을 실천했습니다. 그러나 두 번째 달에
2명이 포기했고 세 번째 달에 4명이 포기했습니다. 중도 포기한 6명은 꿈이
나 목표가 없었습니다. 막연하게 습관 목록을 정하고 실천하려 했지요.

작은 습관 1기 인원 변화

월	4월	5월	6월	7월	8월	9월	10월	11월	12월	17년1월	2월	3월	4월	5월
총 인원	12	10	6	6	6	6	5	5	5	5	5	5	5	5
탈퇴 회원		2	4	0	0	0	1	0	0	0	0	0	0	0

작은 습관 1기를 꾸려 갈 때 우리는 꿈이나 목표 유무에 상관없이
습관 목록을 만들었고, 그것이 습관의 지속성에 어떤 영향을 줄 것인지 깊
이 고민하지 않은 채 프로그램을 시작했습니다. 총 12명 중 꿈이 있는 사람

은 고작 2명뿐이었습니다. 그 2명은 현재까지 1년이 넘도록 높은 습관 실천율을 유지하고 있습니다.

● **주부 C씨**(여, 40대)

작은 습관 1기 참가자 중 C씨의 직업적 꿈은 '청소년 진로 코칭'이고 개인적 꿈은 '어학 재능 기부'입니다. C씨의 습관 목록은 새벽 6시 기상후 명상, 런지 40개, 신문 보기, 독일어 회화 문장 1개 쓰기, 감사 일기 쓰기 등 5개였습니다. 그녀는 현재까지 높은 실천율을 유지하며 습관을 지속하고 있습니다.

반면 꿈이 없던 나머지 10명 중 6명은 3개월 만에, 다른 1명은 7개월째에 중도 포기했습니다. 꿈이 없던 10명 중 현재까지 꾸준히 습관을 실천하고 있는 참가자는 3명에 불과하며 습관 실천율도 꿈이 선명한 참가자들에 비하여 높지 않습니다.

꿈이 없는 참가자의 습관 목록을 살펴보면 다음과 같습니다.

● **사회 초년생 B씨**(남, 20대)

그림 1작품 그리기, 책 2쪽 읽기, 궁금한 정보 검색 후 프린트하기, 영상 일기 1분 작성하기, 동영상 보고 감상평 2줄 쓰기

습관 목록만 보아도 사회 초년생으로서 자기계발을 통해 성공하려는 열정이 대단함을 알 수 있습니다. 그러나 꿈이 선명하지 않은 상태에서 다양한 습관을 실천하다 보니 구심점이 약해 3개월 만에 중도 포기하는 결과를 초래했습니다.

● **대학생 D씨**(여, 20대)
스쿼트 10회, 영어 문장 1개 외우기, 책 15쪽 읽기, 건강식품 챙겨 먹기, 명상 15분

D씨의 첫 달 실천율은 80%였습니다. 실천에 가장 많이 어려움을 겪은 습관은 영어 문장 1개 외우기로 총 10일 실패했습니다. 대학생이다 보니 많은 과제가 습관의 최대 적이었습니다. 두 번째 달부터 영어 문장 1개 외우기를 과감히 포기하고 대신에 감사 일기를 썼습니다. 책 15쪽 읽기도 편지 쓰기로 바꾸었습니다. 그 결과 두 번째 달 습관 실천율은 96%로 수직 상승하였습니다. 그러나 세 번째 달에, 학업에 집중하고 싶다며 습관 포기 선언을 하였습니다.

그녀가 습관을 포기한 이유에 대해 생각했습니다. 역시나 꿈의 유무가 습관의 지속성에 상당한 영향을 주었을 것이라고 판단할 수 있었습니다. 자신이 습관화하길 원했던 '영어 문장 1개 외우기, 책 15쪽 읽기'를 포기하고 상대적으로 쉬운 '감사 일기 쓰기, 편지 쓰기'로 바꾸어 실천율만 높인다고 해

서, 습관이 지속되지는 않습니다. 다시 말해, 꿈이 없는 상황에서 성공률만 높이기 위해 실천하기 쉬운 것으로 습관 목록을 정해서는 안 됩니다.

두 사람의 사례를 보면서, 습관 목록이 자신의 구체적인 꿈과 연결될 때 더 큰 성취감을 느끼고, 습관을 지속하게 하는 에너지를 얻는다는 사실을 깨달았습니다. 그래서 작은 습관 2기는 개인적 또는 직업적 꿈이 분명한 참가자들로 구성했습니다. 2기 참가자는 총 6명으로 출발했고, 두 번째 달에 1명, 일곱 번째 달에 1명 포기했지만 나머지 4명은 현재까지 계속 습관을 실천하고 있습니다. 1기 참가자들은 3개월 만에 50%가 중도 포기했으나, 직업적 또는 개인적 꿈이 있는 2기 참가자들은 3개월 동안 17%만 중도 포기했습니다.

작은 습관 2기 인원 변화

월	9월	10월	11월	12월	17년 1월	2월	3월	4월	5월
총 인원	6	5	5	5	5	5	4	4	4
탈퇴 회원	0	1	0	0	0	0	1	0	0

실제 사례에서 알 수 있듯, 구체적인 꿈의 유무는 습관 실천의 지속성에 영향을 미칩니다. 지금 여러분의 다이어리를 꺼내 한 해 동안 개인적으로나 직업적으로 이루고자 하는 것 가운데 가장 핵심이 되는 목표 1개를

써 보세요. 그런 다음 그 목표와 습관을 연결시켜 매일 10분 안에 실천할 작은 습관 3개를 써 보세요.

그런데 꿈을 아직 찾고 있는 중이라면 어떻게 해야 할까요? 작은 습관 목록 만들기의 두 번째 방법은, 바로 이런 분들에게 필요합니다. 두 번째 방법은 다른 사람들의 습관 3개를 선택하여 실천하는 것입니다. 그리고 나서 나중에 목표를 선명하게 세웠을 때, 첫 번째 방법을 적용하면 됩니다.

작은 습관 참가자들의 습관 목록을 유형별로 나누어 보면 다음과 같습니다.

기록 습관	운동 습관	공부 습관	건강 관리 습관
• 하루 마감 일기 3줄	• 팔굽혀펴기 5회	• 책 2쪽 읽기	• 비타민 2회 먹기
• 감사 일기 3줄	• 자전거 타기 5분	• 궁금한 정보 1개	• 족욕 5분 하기
• 플래너 정리 5분	• 줄넘기 10회	검색 후 프린트하기	• 물 1리터 마시기
• 독서 노트 2줄	• 스트레칭 5분	• 영어 표현 1개 암기	• 밥 반 공기 먹기
• 글쓰기 2줄	• 5층 이하 계단 이용	• 독어 문장 1개 암기	• 담배 3개비로 줄이기
• 블로그 포스팅 1개			

꿈이나 목표가 없다면 닮고 싶은 위인이나 유명 인사, 선배, 후배, 친구, 지인 들을 가만히 둘러보세요. 자신의 롤모델을 찾아보세요. 그들은 어떤 습관을 갖고 있는지, 그들의 성공 노하우가 무엇인지 살펴보고 따라 하는 것도 좋은 방법 중 하나입니다.

브라이언 트레이시는 『백만불짜리 습관』에서 성공한 사람들의 습관을 그대로 따라 하는 것이 얼마나 중요한지 조언해 주고 있습니다.

> "모든 성공 법칙 중 가장 중요한 법칙은 인과의 법칙이며, 당신이 다른 성공한 사람들이 하는 대로 따라 하면 결국 당신도 그들이 거둔 성공을 똑같이 이룰 수 있을 것이다. 그러므로 성공한 사람을 찾아 그 사람이 한 그대로 하라. 똑같이 생각하고 똑같이 느껴라. 또 똑같이 행동하라. 당신은 그들이 거둔 것과 똑같은 성공을 거둘 것이다."

측정 가능하도록(Measurable)

목표 상항 조정의 유혹

2016년 7월은 의미가 깊은 달입니다. 2016년 4월 작은 습관 1기 참가자들과 함께 습관 실천에 들어가, 3개월째인 6월에 '죽음의 계곡'에 빠져 참가자 중 반이 중도 포기했고 습관 실천율은 66%까지 곤두박질쳤습니다. 그래서 7월에 4가지 변화를 도입했고(이 책 77쪽 참고), 7월의 습관 실천율은 수직 상승했습니다. 97% 실천율을 달성했지요. 그것은 기적과도 같았습니다. 작은 습관 실천 프로그램을 1년 이상 운영하면서 전달 대비 31% 향상은 2016년 7월이 유일했기 때문입니다.

그렇다 보니, 어쩌면 이런 유혹에 빠질 수도 있었습니다.

"어, 이거 너무 쉬운데. 벌써 습관으로 완전히 굳어진 거 아닐까. 그 렇다면 목표를 좀 더 높여서 실천해도 되겠는걸. 솔직히 목표를 너무 작게 설정해서 누구 앞에서 말하기에 체면이 안 섰거든."

실제로 1기 참가자 중 몇몇이 위와 같이 말했습니다.

목표를 작게 설정한 이유는 '성공의 기쁨'이란 보상을 제공하면서 지속적인 반복 행동을 이끌어 내기 위함입니다. 그래야만 우리 뇌가 놀라 거나 거부감을 느끼지 않고 습관을 자연스럽게 받아들입니다. 한 달 동안 작은 습관 3개를 모두 실천한 것은 대단한 일입니다. 그러나 아직은 하루 습관 목표를 늘릴 때가 아닙니다.

작은 습관이 정말로 몸에 배었는가 아닌가는, 사람에 따라 다소 차 이가 있겠지만 최소 3개월은 지나야 알 수 있습니다. 습관 실천 결과나 성 장 속도에만 관심을 두다 보면 **하루 10분, 습관 3개, 100% 성공** 원칙을 잊 고, 하루 목표를 높이고 싶은 유혹에 빠질 수 있습니다.

작은 습관은 나무를 심는 것과 비슷합니다. 구덩이를 깊게 파고, 나 무를 심고 다시 흙을 덮은 후 단단히 그 흙을 밟아 줘야 나무가 쓰러지지 않 습니다. 나무가 땅속에 잘 묻혀서 바로 섰다고 또 다른 나무를 심기 위해 곧 장 이동하면 안 됩니다. 바람이 불지 않는 평온한 날은 나무가 쓰러지지 않 습니다. 하지만 일 년 내내 바람이 한 번도 불지 않을 수 있을까요? 거센 바 람이 불고 비가 와도 나무가 쓰러지지 않을 때까지, 나무가 땅속 깊이 제대로 뿌리내릴 때까지 흙을 밟고 나무를 살펴야 합니다.

그렇다면 언제쯤이면 작은 습관이 견고하게 뿌리내렸다고 볼 수 있을까요? 습관 목표를 초과 달성하는 날이 60일 정도 지속되었다면 하루 목표를 조금 높여 볼 수 있습니다. 예를 들어 하루 목표가 '책 2쪽 읽기'인데 60일 동안 하루도 빠짐없이 초과 달성하여 매일 10쪽 이상 읽었다면, 작은 습관 목표를 '책 10쪽 읽기'로 상향 조정해 볼 만합니다.

그러나 목표 상향 조정 후 책 10쪽 읽기가 부담스러워졌다면, 반드시 최초 목표였던 책 2쪽 읽기로 회귀해야 합니다. 여기서 부담스럽다는 기준은, 목표 상향 조정 후 습관 실천율이 90% 이하인 경우입니다. 실천율 90%가 중요한 이유는 작은 습관 참가자들 가운데 습관을 중도 포기한 참가들이 대부분 실천율 90%의 벽이 깨진 다음 달에 포기를 선언했기 때문입니다. 중요한 것은 읽는 책의 분량이 아니라, 매일 100% 실천하는 것입니다. 뇌가 거부감을 느끼지 않고 일상적인 반복 행동으로 인식할 때 습관이 단단하게 형성된다는 것을 잊지 말아야 합니다.

습관 실천 성과 지표 관리

작은 습관의 3대 실천 규칙은 '매일, 조금씩, 올바르게'입니다. 이 중 '올바르게'의 하위 항목인 습관과 연간 목표 관리의 연계성에 대해 자세히 설명하고자 합니다.

작은 습관의 하루 목표는 아주 사소하고 쉽고 작습니다. 물 1잔 마시기, 글쓰기 2줄, 책 읽기 2쪽 등 실천 목표라고 말하기 쑥스러울 만큼 아주 작습니다.

그런데 이 사소하고 작은 목표에 대해 가끔 오해하는 분들이 있습니다. 글쓰기 2줄 또는 책 읽기 2쪽을 초과 달성하면 큰일 나는 줄 아는 분들이 있습니다. 그런 분들은 종종 이렇게 묻습니다. "제 습관은 아무리 목표를 줄이려고 해도 하루 30분은 해야 해요. 제가 정한 습관 목록은 실내에서 자전거 타기인데 땀을 흘리려면 30분은 걸려요. 그러니까 제 습관 목록은 작은 습관 실천 프로그램에 적합하지 않은 거지요?"

이 질문에 대한 답은, 어쩌면 스티븐 기즈의 작은 습관과 가장 차별화된, 21세기 대한민국 보통 사람들에게 최적화된 작은 습관 실천 프로그램의 중요한 실천 기술 중 하나가 될 것입니다.

우리는 우리의 잠재력을 과대평가하는 못된 버릇이 있습니다. 동기가 충만하고 열정이 하늘을 찌를 듯이 높으며 태양처럼 뜨거울 때, 우리가 해내지 못할 일은 세상에 없어 보입니다. 이렇게 우리의 힘을 맹신하여 습관의 목표를 높게 잡는 순간, 습관 만들기의 꿈은 일장춘몽이 되어 연기처럼 사라집니다.

충만한 동기와 뜨거운 열정이 1년 내내 지속되기란 정말 어렵습니다. 작은 습관의 핵심 전략은 '목표를 작게 잡아서 매일 성공의 기쁨을 맛보는 것'입니다. 작은 성공은 또 다른 작은 성공을 이끌어 냅니다. 마치 작은 눈덩이가 눈 덮인 비탈길을 구르면서 몸집을 불리다가 거대한 눈덩이가 되는 것과 같은 효과입니다. 단, 작은 눈덩이가 비탈길을 굴러 내려가며 커다란 눈덩이로 변해 가는 과정에 속도를 붙이려면 초과 달성이 반드시 필요합니다.

하루 목표 그대로만 실천하면 작은 습관 성공의 눈덩이가 계속 조금씩 커지긴 해도 그 변화는 미미할 수밖에 없습니다. 매일 거의 같은 크기의 눈덩이를 지켜보다 보면, 습관 실천에 따른 보상이나 만족감이 부족하여 목적의식이 흐릿해지고 방향감각을 잃고 방황할 위험에 노출될 가능성이 높습니다.

더욱이 성격 급한 한국인들에게는, '자신이 원하는 올바른 방향으로 성장하고 있고 습관이 도움을 주고 있다'는 중간 점검이 아주 중요합니다. 가령 하루에 책 2쪽 읽기를 1년 동안 꾸준히 하면 730쪽을 읽을 수 있습니다. 책 한 권이 250쪽 내외라면 약 3권을 읽는 셈입니다.

2015년 독서 실태 조사에 따르면, 대한민국 연평균 독서량은 9.1권입니다. 대한민국 연평균 독서량이 모든 이의 1년 목표가 될 필요는 없지만, 만약 1년 목표를 책 10권 읽기로 정했다면 작은 습관을 초과 달성하지 않고는 목표를 달성할 없을 겁니다.

왜 작은 습관의 실천 목표를 아주 작게 세웠는지, 그 근본적인 이유를 잊어서는 안 됩니다. 작은 습관 실천의 제1원칙은 '매일 100% 성공'을 지속하는 것입니다. 99%의 성공으로는 우리 뇌가 새로운 습관에 대해 갖는 거부감을 불식시킬 수 없기 때문입니다.

그리고 우리의 잠재력을 과대평가해서도 안 되지만 무시해서도 안 됩니다. 육체적으로 피곤하고 정신적으로 피폐한 날은 작은 습관 목표만큼만 하고, 그렇지 않은 날은 그 이상을 할 수 있습니다. 탄력을 받으면 책 50쪽, 100쪽도 금세 읽을 수 있는 것이 인간의 잠재 능력입니다. 책이나 일에는 10분도 집중 못하면서 PC 게임에 빠져 밤을 새기도 하는 것이 사람입니다.

아래 그래프는 2016년 11월 1일부터 일자별 글쓰기 습관 결과를 보여 줍니다. 목표는 글쓰기 2줄이지만 초과 달성한 날이 여러 날입니다. 11월 1일은 2줄만 썼지만 2일에는 무려 30줄을 썼습니다. 4일에는 다시 2줄을 썼고 5일에는 50줄을 썼습니다.

작은 습관 성공 기준과 초과 달성

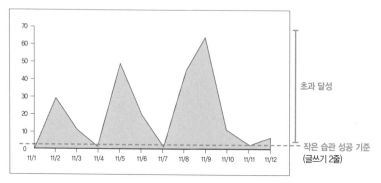

206

이 그래프가 던지는 메시지는 명확합니다. 초과 달성은 연간 목표에 기여하는 공헌 이익이란 역할을 담당합니다. 제 경우, 2016년 연간 목표는 '블로그에 글 50개 포스팅하기'였습니다. 4월에 습관 실천을 시작했으니 연말까지 월평균 6개 글을 포스팅해야 했지요. 실제로는 월별 실적은 편차가 있었으나, 연간 목표를 항상 염두하고 실천하여 목표를 달성할 수 있었습니다.

월별 블로그 글 포스팅

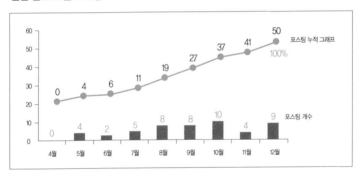

초과 달성하는 날의 공헌 이익이 쌓여서 1년 목표 달성을 도와주었습니다. 몸 상태나 감정 상태가 엉망인 날은 작은 습관 목표만큼만 글을 썼습니다. 그리고 영감이 치솟거나 몰입이 잘되는 날은 글을 죽죽 써서 목표를 초과 달성했습니다. 이렇게 주 단위, 월 단위, 연 단위로 목표를 관리하는 것이 '습관 실천 성과 지표 관리(KPI: Key Performance Indicator)'의 핵심입니다.

이와 같이 습관 목록은 습관 실천율과 습관 성공, 실패 여부를 측정 가능하도록 정해야 합니다. 즉 '글쓰기, 책 읽기, 팔굽혀펴기'가 아니라 '글쓰기 2줄, 책 읽기 2쪽, 팔굽혀펴기 5회'처럼 하루 실천 목표를 분명히 해야 합니다. 그래야 습관 실천율을 측정하여 목표 상향 조정을 생각해 볼 수 있고 연간 목표와 연계해 관리할 수 있습니다.

단, 새로운 행동을 반복 실천하여 습관을 만들어 가는 시작점에서 하루 목표가 너무 거대하면 습관 만들기에 100% 실패합니다. 우리 뇌가 새로운 행동에 갖는 거부감을 과소평가하는 것은 절대 금물입니다.

새로운 습관을 만들어 나갈 때, 우리의 뇌가 그것을 거부감 없이 일상적인 행동으로 인식하기까지 소요되는 시간은 개인에 따라 편차가 있습니다. 그러나 처음에 하루 목표를 아주 작게 설정해야 습관으로 안착시킬 수 있다는 사실에는 개인 간 편차가 없습니다. 이 점을 명심하길 바랍니다.

작은 습관 2단계 - 습관 실천 보고서 공유하기

> 만일 의식적으로 좋은 습관을 형성하려고 노력하지 않으면
> 자신도 모르는 사이에 좋지 못한 습관을 지니게 된다.
>
> 디오도어 아이작 루빈(Theodore Isaac Rubin)

습관 실천 보고서의 역할은 바로 하인리히 법칙(Heinrich's Law)과 일맥상통합니다. 하인리히 법칙은 하나의 대형 사고가 발생하기 전에 그와 관련된 경미한 사고와 징후들이 반드시 존재한다는 법칙입니다. 허버트 윌리엄 하인리히라는 사람이 발견한 법칙이지요.

하인리히는 산업재해 사례 분석을 통해 산업재해가 발생하여 중상을 입은 사람이 1명 생기면 그 전에 같은 원인으로 경상을 입은 사람이 29명, 부상당할 뻔한 사람이 300명 있다는 사실을 발견했습니다. 재해로 치면 큰 재해, 작은 재해, 아주 사소한 사고의 발생 비율이 1:29:300이라는 말입니다. 작은 재해, 아주 사소한 재해와 그 징후들을 개선하지 않으면 결국 큰 재해가 발생하고 중상자가 나오겠지요.

습관도 마찬가지입니다. 습관을 형성해 가는 중간중간에 작고 사소한 문제들을 점검하고 개선해야 합니다. 그렇지 않으면 결국 습관 포기로 이어집니다.

그래서 저는 월 단위로 습관 실천 보고서를 작성하여 작은 습관 참가자들과 공유합니다. 보고서를 통해 매월 습관 실천율뿐만 아니라, 습관 실천 최대의 적을 찾아내 알려 줍니다. 참가자가 습관을 실천하지 못한 이유를 카톡으로 보내 주면, 그 이유를 기록하고 집계하여 습관 실천 실패에 가장 많이 기여한 핑계를 습관의 '최대의 적'으로 임명하지요.

만약 여러분이 혼자서 습관 만들기에 도전하고 있다면, 달력이나 다이어리에 매일 습관 실천 결과를 기록하면서 습관의 최대 적은 무엇인지 인지하는 연습을 하세요. 작은 습관 실천 프로그램의 운영 규칙을 참조하여 습관 실천 결과를 자신의 카톡에 저장하세요. 다이어리, 노트, 모바일 애플리케이션 등을 활용해도 좋습니다. 그리고 한 달에 한 번씩 습관 실천 결과를 취합하여 자신만의 습관 실천 보고서를 만드세요. 보고서를 작성하기 위해 자신의 지난 한 달을 돌아보고 평가하는 과정에서 많은 것을 느끼고 반성하고 성장하는 자양분을 섭취할 수 있을 거라 믿어 의심치 않습니다.

〈별첨〉에 작은 습관 3기 참가자들의 작은 습관 실천 보고서를 공유합니다. 보고서 서식이나 통계 자료 및 그래프를 참조하면 자신만의 습관 실천 보고서를 작성하는 데 많은 도움이 될 것입니다(이 책 214쪽).

매일 습관 실천 결과를 기록하기만 해도 자신이 성장하고 있다는 성취감을 느낄 수 있습니다. 또 자신이 습관 실천에 실패한 날을 돌아보면서 그 원인을 인지하고 제거하는 연습을 통해 습관 실천율을 높일 수 있습니다. 자기 감찰(self-monitoring)이란 자신의 행동을 관찰하고 기록하여 행동을 수정하는 심리학 기법입니다. 가령 영어 공부 습관을 실천하기 위해 컴퓨터를 켰다고 상상해 보세요. 어쩌다 보니 스포츠 기사에 눈길이 가고 정작 계획했던 영어 공부는 뒷전으로 밀려 버립니다. 여기서 바람직하지 않은 행동은 스포츠 기사를 읽느라 시간을 낭비한 것이지요.

그렇다면 바람직하지 않은 행동을 유발한 원인은 무엇일까요? 영어 공부는 하기 싫은 일이니, 하기 싫은 일을 하기 전에 자신이 좋아하는 일을 먼저 함으로써 스트레스를 회피하려고 하는 뇌 때문입니다. 공부하기 전에 책상 정리부터 한다든가 학교에 제출할 보고서를 쓰기 전에 카톡으로 친구들에게 얼마나 썼는지 확인하다 말고 수다 삼매경에 빠지는 것이 다 '해야 할 일에 대한 스트레스를 자신이 좋아하는 일을 먼저 함으로써 회피하려는 경향' 때문입니다.

그렇다면 바람직하지 않은 행동은 어떻게 수정할 수 있을까요? 사전 조치 전략을 통해 환경을 통제함으로써 자신의 행동을 통제하면 됩니다. 예를 들어 컴퓨터를 켰을 때 스포츠 기사를 보고 싶은 욕망을 억제하기 위해 영어 공부 사이트의 바로가기 아이콘을 바탕화면에 만들어 두면 됩니다. 그러면 인터넷 종합 포털에 들어갔다가 우연찮게 스포츠 기사를 접하는 것을 방지할 수 있습니다. 또 보고서를 써야 한다면, 휴대폰으로부터 자기 자신을 격려하면 됩니다. 도서관이든 자신의 방이든, 보고서를 작성할 장소에 들어가기 전 휴대폰을 내 몸에서 분리해 다른 장소에 두는 겁니다.

습관 실천 보고서가 중요한 이유는 바로 자기 감찰 역할을 한다는 것입니다. 보고서를 통해 습관 실천에 있어 내 최대의 적을 인지하고 향후 습관 실천 실패에 기여할 싹을 자를 방법을 찾아내어, 성공률을 끌어올리는 데 궁극적인 목표가 있습니다. 습관을 들이려다 말고 중도 포기하는 대형 사고를 미연에 막으려면 하인리히 법칙에 유념하여 습관을 행동에 옮기지 않을 뻔한 300번의 아주 작은 재해와 29번의 작은 재해를 인지하고, 이러한 사유로 습관 실천을 건너뛰는 일이 없도록 해야 합니다.

제 경우, 팔굽혀펴기 실천에 있어 최대의 적은 회식이었습니다. 회식은 종종 과음으로 이어졌고, 알코올은 습관 실천 원동력인 의지력을 꽁꽁 묶어 버렸습니다. 집에 도착하여 샤워를 하고 팔굽혀펴기를 했던 평상시와 달리 씻지도 않고 바로 침대 속으로 들어가기 바빴습니다.

그렇다면 회식이라는 적을 이기고 팔굽혀펴기를 실천할 방법은 무엇이 있을까요?

우선 생각할 수 있는 방법은 회식을 최대한 피하는 것입니다. 하지만 직장인으로서 회식을 매번 보이콧할 수는 없는 노릇입니다. 그렇다면 회식에는 참가해도 술을 자제하는 방법을 취하면 어떨까요. 직급이 높은 상사가 술을 권할 때는 거절하기가 어려워서 현실적으로 한계가 있습니다.

제가 선택한 방법은 회식이 있는 날에는 오후 5시 전에 회의실 등

빈방을 찾아 들어가 팔굽혀펴기를 하는 것이었습니다. 팔굽혀펴기 5회는 10초면 충분하니, 실천해야 한다는 생각만 반복하면 성공 확률이 아주 높습니다.

여기서 생각 반복이라 함은, 내가 내 뇌에 '오늘은 회식이 있으니 5시 전까지 아무 때나 팔굽혀펴기를 하라'는 메시지를 계속 던지는 행동을 말합니다. 포스트잇에 메모하여 눈에 띄는 곳에 붙여 놓거나, 휴대폰 알림 기능을 활용하거나, 자기 자신에게 카톡 메시지를 보내는 등 개인의 성향에 맞는 방법을 골라 뇌를 자극합니다.

지피지기면 백전백승입니다. 『실행이 답이다』에서 이민규 저자는 "똑같은 일을 하면서도 무심코 하는 게 아니라 유심히 관찰하고 자신이 어떤 행동을 하고 있는지 제대로 의식하기만 해도 우리의 몸과 마음에는 변화가 일어난다."라고 말합니다. 습관 실천 보고서를 통해 여러분이 자신의 습관 실천에 있어 최대의 적을 인지하고 연구하여 실천율을 높이고 습관을 잘 만들어 가길 바랍니다.

작은 습관 실천 보고서(2017년 2월)

작성: 2017년 3월 12일

　작은 습관 3기 참가자들의 첫 번째 달 작은 습관 실천 보고서입니다. 첫 번째 달 전체 습관 성공률은 놀랍게도 100%입니다. 왜 놀라운지는 1기, 2기 참가자의 첫 번째 달 습관 성공률과 비교해 보면 바로 알 수 있습니다.

　아래 그래프를 보면 알 수 있듯이, 첫 번째 달 전체 평균이 1기 참가자는 84%, 2기 참가자는 87%였습니다. 그뿐 아니라 1기, 2기 참가자들은 약 1년이 지나도록 100% 성공한 달이 한 번도 없습니다.

　3기 참가자들이 이처럼 높은 성공률을 달성한 비결은 무엇일까요? 여러 요소들이 복합적으로 영향을 주었겠지만, 지금까지 습관을 실천해 오면서 겪은 시행착오를 반면교사로 삼고 고민하면서 새로운 전략을 적용해 왔기 때문이라 생각합니다. 좀 더 구체적으로 설명해 보도록 하죠.

작은 습관 1기 월별 습관 성공률(%)

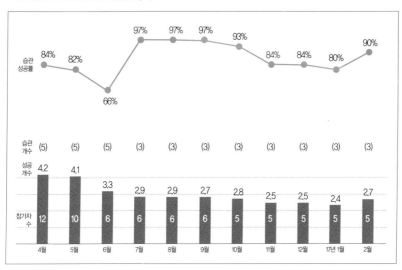

작은 습관 2기 월별 습관 성공률(%)

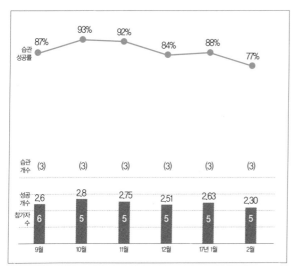

작은 습관 1기는 개인의 꿈의 유무에 상관없이 신청을 받았고, 꿈이 얼마나 습관의 지속성에 영향을 줄 것인지 깊이 고민하지 않은 채 프로그램을 시작했습니다. 1기 참가자 12명 중 직업적 또는 개인적 꿈이 선명한 사람은 고작 2명뿐이었습니다. 꿈이 있는 2명은 습관 실천 시작 첫 달(2016년 4월)부터 현재(2017년 2월)까지 11개월 동안 높은 실천율을 유지하고 있습니다.

반면 꿈이 없는 10명 중 6명은 3개월 만에 중도 포기하였고 1명은 7개월째에 포기 선언을 하였습니다. 즉 꿈이 없는 10명 중 7명이 이미 습관 만들기를 포기했지요. 다행스럽게도, 꿈이 없는 3명은 약 1년이 되어 가는 지금까지도 습관을 실천해 나가고 있습니다.

작은 습관 1기에서 배운 교훈을 발판 삼아 작은 습관 2기는 개인적 또는 직업적 꿈이 있는 신청자로 구성하여 프로그램을 진행하였습니다. 2기 참가자는 총 6명으로 2016년 9월부터 습관 실천에 들어갔고, 2개월째에 중도 포기한 1명을 빼고 나머지 5명은 6개월이 지난 지금까지 습관을 지속하고 있습니다.

그러나 아쉽게도, 2기 참가자의 첫 달 실천율은 1기 참가자의 성공률인 84%보다 조금 높은 87%밖에 안 됐습니다. 꿈과 목표가 선명했지만 그것이 바로 높은 실천율을 보장해 주지는 않았습니다.

다만, 작은 습관 2기의 특이점은 작은 습관 1기가 3개월째에 경험했던 죽음의 계곡(참가자 50% 중도 포기, 성공률 66%까지 하락)을 모두 무사히 건넜고, 월별 습관 성공률에 큰 편차 없이 꾸준히 실천하고 있습니다.

작은 습관 3기 때는 1기, 2기 참가자들이 경험한 실패의 자산들을 거울삼아 2가지 새로운 전략을 도입하였습니다.

첫째, '습관 실천 성과 지표 관리(KPI)'를 도입했습니다. 매일 하루 10분, 정해진 만큼만 실천하면 얼마나 성장했는지가 눈에 잘 띄지 않아 성취감이 떨어질 수밖에 없습니다. 이런 성취감 결핍은 2기 참가자의 중요한 피드백 중 하나였습니다.

매일 하루 10분, 정해진 실천 기준만 달성하면 작은 성공의 눈덩이는 꾸준히 몸집을 불려 나가겠지만, 다른 눈덩이와 비교하면 그 변화는 미미할 수 있습니다. 매일 아주 미미하게 커지는 눈덩이를 지켜보는 것은 지루한 일입니다. 지켜보다가 제 풀에 지쳐 나가떨어질 수도 있습니다. 즉 습관 실천에 따른 보상이나 만족감이 부족하여 목적의식이 약해질 뿐 아니라 방향감각을 잃고 방황할 가능성이 높습니다. 그래서 3기 참가자들과 개별적으로 상담하고 협의하여 연간 목표를 세웠습니다.

● **3기 참가자**(회사원, 여)

그녀의 직업적 목표는 '영어 생활화'입니다. 그래서 작은 습관 중 하나를 '영어 2문장 암기'로 정했습니다. 그리고 연간 목표를 '영어 에세이 48개 쓰기'로 정했습니다. 이렇게 연간 목표를 수치화하여 선정하는 이유는 평가 척도로서도 유용하지만, 무엇보다 습관 실천 중에 월별 목표, 연간 목표를 스스로 인지함으로써 저 하늘 북두칠성과도 같은 꿈의 이정표를 잃지 않기 위해서입니다.

습관 실천 성과 지표 관리를 도입한 첫 달의 결과는 대만족이었습니다. 위에서 예로 든 참가자도 첫 달 습관 실천율이 100%였고, 연간 목표와 연계해

그달 목표 달성률은 75%(월별 목표 에세이 4개 중 3개 작성)였습니다. 여기서 75%에 너무 연연하지 않아도 됩니다. 중요한 것은 연간 목표가 무엇인지 스스로 인지하고 있다는 사실입니다. 첫 달에 쓰지 못한 에세이 1개는 나머지 11개월 중 언제라도 만회할 수 있기 때문입니다.

● 3기 참가자(회사원, 남)

그의 직업적 목표는 '언변 강화를 통해 영향력 있는 리더가 되는 것'입니다. 직업적 목표와 연계된 핵심 습관은 '독서 1쪽 및 1문장 쓰기'로 정했습니다. 그리고 연간 목표를 '1문장 쓴 내용을 읽고 녹음한 파일 100개 만들기'로 정했습니다. 2월 습관 실천 100% 달성과 동시에 연간 목표와 연계한 2월 목표 달성률도 133%로 초과 달성(2월 녹음 파일 6개 만들기 목표 대비 실제 8개 녹음 파일 만듦)하였습니다.

둘째, '예치금(1인당 5만 원) 제도'를 도입했습니다. 작은 습관 1, 2기의 습관 실천율은 2~3개월이 지나면서 80%대로 떨어졌습니다. 습관 에세이나 습관 실천 보고서를 작성하여 격려도 하고 동기부여가 될 만한 책도 소개해 보았지만, 실행력을 북돋는 데는 한계가 있었습니다. 왜냐하면 습관 실천을 하루 빼먹거나 대충 해도 스스로에게 돌아오는 제약이 아무것도 없기 때문이었습니다.

습관이란 본래 어떤 행동이 몸에 밸 때까지 의지력을 바탕으로 매일 강제적으로 실천하는 것이기 때문에, 실천하지 않은 것에 대해 벌칙을 부과하는 것도 습관 성공률을 향상시키는 데 영향을 줄 것이라고 믿었습니다.

그래서 예치금 5만 원을 미리 받아 두고는 한 달 습관 실천율이 90% 이하이면 예치금에서 1만 원씩 공제하는 제도를 도입했습니다. 물론 습관 실천율이 매월 90% 초과이면 프로그램이 종료되는 5개월 뒤 5만 원을 전액 돌려받을 수 있습니다.

각 참가자들의 예치금에서 공제한 돈으로는 매달 습관 성공률이 최고인 사람과 전월 대비 성공률이 가장 많이 향상된 사람에게 선물을 하였습니다.

새로 도입한 2가지 전략은 일단 성공적이었습니다. 3기 참가자 전원이 첫 달에 100% 실천율을 보였고, 또한 연간 목표도 인지하면서 실천해 나가고 있기 때문입니다.

작은 습관 3기 월별 습관 성공률(%)

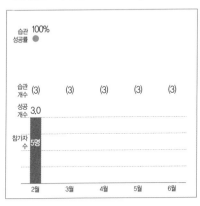

작은 습관 3기 2월 개인별 습관 성공 개수

이름	2월	3월	4월	5월	6월
A	3.0				
B	3.0				
C	3.0				
D	3.0				
E	3.0				
평균	3.0				

작은 습관 3기 2월 개인별 습관 성공률(%)

이름	2월	3월	4월	5월	6월
A	100%				
B	100%				
C	100%				
D	100%				
E	100%				
평균	100%				

2월 개인별 작은 습관 실천 결과는 다음과 같습니다.

---

* 개인 정보 보호 차원에서 이 책에서는 저자 1인의 개인 습관 실천 결과만 제시합니다.

1. 이범용

• 2월 습관 실천 결과

이름	이범용										
꿈	직업적	1. 습관 전문가 2. 작가									
	개인적	1. 운동 습관 만들기 2. 재능 기부 3. 라디오 DJ									
	기간	2017 2/1~2/28	소요 시간	Why this habit?	대체 습관	성공(평균)		실패	실패 습관	실패 이유	최대의 적
습관	1	글쓰기 2줄	5분	블로그 글 소재	블로그 글, 메모 노트	이범용	전체	0			
	2	책 2쪽 읽고 메모	4분	글쓰기 소재	메모 노트 2쪽 읽기	3.0	3.0	0			
	3	팔굽혀펴기 5회	5초	운동 습관	앉았다 일어나기 5회	100%	100%	0			
	합계		9분 5초					0			

3개 습관 실천에 100% 성공했습니다. 따라서 2월에는 실패 습관도 없고 습관 실천에 있어 최대의 적도 없습니다.

• 월별 비교

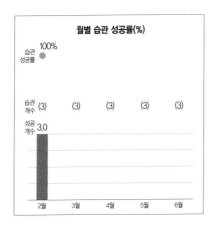

2월의 습관 성공률은 100%입니다.

월별 습관 목록 및 실패 습관 추이

이름		2월		3월		4월		5월		6월	
		습관 목록	실패	습관 목록	실패	습관 목록	실패	습관 목록	실패	습관 목록	실패
	1	글쓰기 2줄	0								
	2	책 2쪽 읽고 메모	0								
이범용	3	팔굽혀펴기 5회	0								
합계			0								

월별 누적 자료를 통해 습관 목록은 어떻게 변해 왔고, 실천에 100% 성공한 습관은 무엇이며 실패한 습관은 무엇이며 몇 번이나 되는지 파악할 수 있습니다.

① 100% 성공한 습관 개수: 3개(2월)

② 실패 습관 횟수: 0(2월)

• 연간 목표: 습관 에세이 100개 쓰기

연간 목표는 에세이를 100개 써서 블로그에 올리는 것입니다. 2월 목표는 8개의 에세이를 쓰는 것이었으나 50%만 달성했습니다. 이번 달에 부족했던 연간 달성률을 나머지 달에 분발하여 보충할 필요가 있습니다.

아래 그래프는 연간 목표 달성률을 보여 줍니다.

연간 목표 달성률: KPI

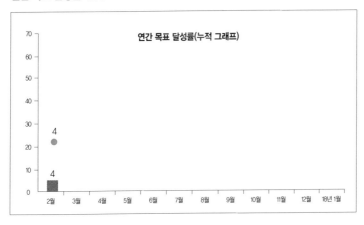

끝맺음: 생각해 보기

3기 참가자들은 1, 2기 참가자들과 동일하게 습관 실천 결과를 카톡으로 공유하고 있습니다. 다만, 1, 2기 참가자들과 달리 습관 실천 유무뿐만 아니라 습관 실천 양(수치)을 공유합니다. 예를 들어 작은 습관 하루 목표가 '책 2쪽 읽기'인데 실제로는 80쪽을 읽었다면 '(책 제목), 80쪽'이라고 쓰고 공유하는 것입니다.

여기서 반드시 확인해야 할 사항은 여러분이 공유한 습관 기록들을 스스로 꼼꼼히 살펴보는 일입니다. 습관 목록으로 정한 만큼만 달성한 날이 며칠인지 확인할 수 있습니다. 또 초과 달성한 날이 얼마나 되는지 확인할 수 있습니다.

하루에 딱 10분, 습관 목록 그대로 실천한 날을 살펴봅시다. 거기에는 다양한 이유가 있습니다. 그냥 습관을 실천하기가 싫었을 수도 있고, 야근이나 회식, 각종 모임 등으로 몸이 피곤했을 수도 있고, 가족이나 지인이 아파서 병원을 들락날락했을 수도 있습니다. 중요한 것은 그럼에도 불구하고 여러분이 습관 실천에 성공했다는 사실입니다. 작은 성공의 성취감을 이어 나갈 수 있고, 무엇보다도 칭찬받을 만한 점은 아직까지 습관을 포기하지 않았다는 사실입니다. 작심삼일과 멋지게 이별한 것이지요. 이것이 바로 작은 습관의 놀라운 점입니다.

분위기를 바꾸어서, 조금은 민감한 이야기를 하나 하고자 합니다. 먼저 이것은 절대 여러분을 의심해서가 아님을 분명히 밝힙니다.

습관의 가장 중요한 목적은 바로 실천을 통해 조금씩 더 성장함으로써 자신의 목표를 달성해 나가는 데 있습니다. 이러한 관점에서 보면, 습관은 타인과의 싸움이 아니라 자신과의 싸움이지요. 즉 우리의 고집불통 뇌와의 힘겹고 지루한 신경전이라고 말할 수 있습니다.

그런데 우리는 가끔 청중효과의 부작용으로 거짓 실천 결과를 공유하고 싶은 유혹에 빠질 수 있습니다. 남들은 모두 습관 실천에 성공했다고 하는데 나만 실패했다고 하면 창피하고 자존심이 상할 것 같아서입니다. 그래서 습관 실천을 건너뛰었음에도 거짓으로 했다고 말할 수 있습니다.

한 번 더 강조하자면, 습관 실천은 남들의 시선이 중요한 것이 아니라, '과거의 나'와 '지금의 나가 어떻게 달라져 가고 있는지, 내가 내 꿈을 향해 얼마나 꾸준히 잘 걸어가고 있는지 점검하고 개선해 나가는 것임을 잊지 않았으면 합니다.

작은 습관을 통해 나와 내 주변의 삶을 변화시키고 자신의 가치를 실현하는 것이야말로 궁극적인 목표이자 빛나는 결실이라고 믿습니다. 그래야만 삶의 목표도 꿈도 없이 터벅터벅 걸어가던 여행길에서 걸음을 백팔십도 돌려 우리들 마음속 별을 따라 다시 힘차게 출발할 수 있습니다. 아름다운 선회, 아름다운 삶의 방향 전환이 시작될 수 있습니다.

작은 습관 3단계 – 피드백 모임 갖기

반복적으로 하는 일이 곧 나를 만든다. 그렇다면 뛰어난 미덕은 하나의 행동이 아니라 하나의 습관이다.

아리스토텔레스(Aristoteles)

작은 습관 참가자들은 매일 습관 3개를 실천한 후 그 결과를 다음 날 오전 정해진 시간에 단톡방에서 공유합니다.

카톡의 내용은 매우 간단합니다. 습관 실천 성공 개수, 실패했을 경우 실패한 습관 목록과 그 이유입니다. 그러면 습관 조력자는 그 결과를 기록하고 분석하여 매달 습관 실천 보고서를 작성한 후 참가자들과 공유합니다.

한 달에 한 번씩 피드백 모임을 열어서 지난 한 달간 개개인이 습관을 얼마나 잘 실천했는지, 실패율을 낮추려면 어찌 해야 하는지 등에 대해 다른 참가자들과 자유롭게 토론합니다.

선왕과 맹자의 대화에 피드백 모임의 중요성이 고스란히 담겨 있습니다.

제나라 선왕이 소를 끌고 지나가는 사람을 보며 물었습니다. "그 소를 어디로 끌고 가느냐?" 그가 답했습니다. "흔종*에 쓰려고 합니다." 그러자 선왕이 "그 소를 놓아주어라. 부들부들 떨면서 죄 없이 도살장으로 끌려가는 모습을 나는 차마 보지 못하겠다."고 했습니다. 그 사람이 반문했습니다. "그러면 흔종 의식을 폐지할까요?" 선왕이 대답했습니다. "흔종을 어찌 폐지할 수 있겠느냐. 소 대신 양으로 바꾸어라."

선왕과 맹자의 대화에 대해 신영복 교수는 『강의』에서 다음과 같이 설명합니다.

"맹자가 이야기하고자 하는 핵심은 동물에 대한 측은함이 아닙니다. 측은함으로 말하자면 소나 양이 다를 바가 없습니다. 소를 양으로 바꾼 까닭은 소는 보았고 양은 보지 못했기 때문이라는 것입니다. 가장 핵심적인 것은 '본다'는 사실입니다. 본다는 것은 '만난다'는 것입니다. 보고 만나고 서로 안다는 것입니다. 즉 관계를 의미합니다."

---

* 흔종(釁鐘): 주조한 종의 틈새를 짐승의 피로 바름.

피드백 모임도 관계를 의미합니다. 카톡이라는 가상공간에서 습관에 대한 정보만 공유한 채 서로 만나지 않으면 배려하는 마음이 생길 수 없습니다. 정해진 카톡 시간 이후에 단톡방에 매번 늦게 또는 너무 이른 새벽에 습관 실천 결과를 송부하는 참가자가 생기기도 합니다. 또 누군가는 정해진 시간 이후에 단톡방에 들어온 참가자 때문에 카톡 알림 소리를 듣고 일에 방해를 받았다고 성토할 수도 있습니다.

서로 얼굴을 모르는 사람들 사이에 배려가 자연스럽게 샘솟길 바라는 것은 억지일지도 모르겠습니다. 어쨌든 배려가 없는 공간에서는 생각이나 경험의 공유도 제한적일 수밖에 없습니다. 우리는 얼굴을 마주 보고 몇마디 대화를 나누며 관계를 더욱 공고히 하고, 그 관계를 바탕으로 상대방을 더욱 존중하고 배려합니다. 피드백 모임은 관계를 통해 배려를 약조하는 만남입니다. 그런 뒤에야 비로소 깊은 생각과 마음의 교환이 가능하겠지요.

앞에서도 설명한, 죽음의 계곡을 빠져나오는 데 큰 역할을 한 작은 습관 실천 프로그램의 4가지 변화, 즉 습관 개수를 3개로 조정, 하루 10분으로 시간을 제한, 'Why this habit?' 도입, 대체 습관 도입은 오프라인 피드백 모임에서 토론을 통해 제안이 나오고 결정이 되었습니다.

또한 작은 습관 운영 규칙을 세우면서 피드백 모임을 통해 참가자들의 의견을 반영하고 수정, 보완했습니다. 1기 참가자들과 습관 실천 결과를 기록하기 시작할 때는 당일 오후 9~10시에 단톡방에 공유하기로 했었는데, 참가자들 중에 직장인이 많아서 야근이나 회식, 행사가 있는 날에 카톡을 하기 쉽지 않았습니다. 당연히 누락하는 일이 종종 생겼습니다. 누락은 곧 습관 실천 실패로 기록되었고요. 그래서 익일 오전 9~10시로(주말 및 공휴일도 동일) 변경하기로, 피드백 모임에서 참가자들과 합의했습니다. 카톡 시간을 변경하자, 참가자의 습관 목록 5개 중 성공한 습관 개수가 3.3개에서 4.2개로 약 1개 증가했습니다.

피드백 모임으로 매일 습관 실천 결과를 카톡으로 공유하는 일이 참가자에게 실천 의지를 높이고 노력을 하게 한다는 사실도 확인했습니다. 청중효과의 중요성을 깨달을 수 있었습니다.

습관 목록을 자주 바꿀 때 나타나는 역효과도 피드백 모임을 통해 알게 되었습니다. 다른 참가자들의 성공률과 자신의 성공률을 비교하면서 스트레스를 받는 경우, 자신의 꿈과 상관없어도 달성하기 쉬운 습관 목록으로 바꿀 우려가 있다는 것이었습니다. 실제로 꿈이 작가인 참가자가 습관 목록을 '글쓰기 2줄, 책 읽기 2쪽, 감사 일기 5줄'로 정하여 실천했는데, 글쓰기 2줄 실천에서 자주 실패를 한 겁니다. 그래서 그다음 달에는 '글쓰기 2줄'을 '물 1잔 마시기'로 교체할까 하는 유혹에 흔들렸다고 고백했습니다.

피드백 모임은 꽉 막힌 코에 바람을 불어넣어 주듯, 다른 사람의 경험과 노하우를 배워 스스로에게 새롭게 적용해 볼 수 있는 좋은 기회를 제공합니다. 이것이 바로 충돌효과*입니다.

충돌효과의 훌륭한 예로, 글로벌 기업 구글의 공간 설계를 들 수 있습니다. 구글은 근사한 식당, 카페테리아 등을 포함해 직원들에게 많은 혜택을 주기로 유명합니다. 공간을 설계할 때도 직원을 먼저 고려했습니다. 특히 서로 다른 부서 직원들이 자연스럽게 만나 대화할 수 있도록 공간 구성에 심혈을 기울였습니다. 서로 다른 부서 사람들이 자주 만나 의견을 나눌 때 창조적인 아이디어가 나오고, 이를 개개인의 프로젝트에 적용할 때 놀라운 성취를 할 수 있다고 믿기 때문입니다. 이런 이유로 구글은 식당의 식탁과 의자를 길게 만들어 옆자리에 모르는 사람이 앉도록 유도했습니다. 또 식탁과 식탁 사이의 공간을 비좁게 두어서 사람들이 자리에서 일어나려고 의자를 빼는 순간 뒷사람과 부딪히게 했습니다. 이것을 '구글 범프'라고 부릅니다. 직원들끼리의 우연한 마주침을 고의로 유도한 것이지요.

자신의 생각과 생각이 충돌하여 새로운 아이디어가 떠오를 때도 있지만, 다른 사람과 대화를 나누는 중에 서로 다른 생각이 충돌하면서 기발한 아이디어를 창출할 수도 있습니다. 제가 오프라인 피드백 모임을 지향하는 이유는 바로 이러한 충돌효과 때문입니다. 충돌효과야말로 피드백 모임이 제공하는 무형의 이익이라고 굳게 믿고 있습니다.

---

* 로버트 마우어(Robert Maurer PH.D.) 등이 공저한 『두려움의 재발견』에 나오는 용어입니다. 책에 따르면, 보잉사의 최고경영자 필립 콘티트가 서로 다른 부서의 직원들이 한데 섞여 서로의 창조성을 자극하도록, 즉 직원들 간 접촉 면적을 넓히기 위해 속도가 느린 엘리베이터와 에스컬레이터를 설치했다고 한다. 마우어는 직원들 간 상호 작용을 일컬어 충돌효과라 하였다.

작은 습관 4단계 - 보상하기

생각이든 결심이든 실천이 없으면 아무 소용이 없다. 아무것도 달라지지 않는다. '하는 것'이 힘이다.
1퍼센트를 이해하더라도 그것을 실천하는 자가 행복한 사람이다.

우종민

전통적인 습관 전문가들에 따르면, '신호□반복□보상'이라는 습관의 고리가 유기적으로 작용해야만 새로운 습관이 형성됩니다. 그중 하나라도 제대로 작동하지 않는다면 습관을 형성하기는 어렵습니다. 예를 들어 습관의 고리 중 **보상**이 충분히 이루어지지 않으면 습관의 고리는 점점 녹슬고 풍화되어 끊어질 확률이 높습니다.

신호는 크게 2가지로 구분되는데, 행동 기준 신호와 시간 기준 신호가 그것입니다. 행동 기준 신호는 '샤워 후 팔굽혀펴기' 같이 어떤 행동(샤워)을 해야만 그것이 신호가 되어 습관(팔굽혀펴기)을 실천하는 방법입니다. 시간 기준 신호는 매일 아침 6시 기상 후에 조깅을 하거나 오후 1시에 비타민제를 먹는 등 정해진 시간에 습관을 실천하는 방법입니다. 2가지 모두 독립

적이지 않고 다른 조건(행동이나 시간)에 의존하는 피동적 습관 실천 방법이지요. 그러나 작은 습관은 행동과 시간에 구애받지 않습니다. 하루 중 아무 때나 잠들기 전까지만 실천하면 됩니다.

그러나 작은 습관에도 **보상**은 반드시 필요합니다. 습관 실천의 원동력인 의지력은 고갈되지 않는 한 믿을 만합니다. 그런데 의지력은 고갈만 되고 다시 충전은 안 될까요? 의지력은 적절한 보상을 통해 재충전됩니다. 매일 100% 실천이 중요한 이유입니다. '100% 성공 경험'에서 오는 성취감과 자신감이 곧 보상인 까닭입니다.

매일 성공했다는 성취감은 의지력 고갈을 막아 주는 동시에 반복된 행동을 일관성 있게 추진하도록 도와주는 엔진 역할을 담당합니다. 작은 성공은 또 다른 성공을 끌어당기기 때문입니다.

오늘도 성공했다는 자긍심, 삶이 조금씩 긍정적으로 변하고 있다는 믿음 그리고 내 주변에 뜻을 같이하는 공동체가 있다는 안도감은 의지력을 보충해 주는 보약입니다. 오늘도 성공했다는 자긍심은 작은 습관을 매일 실천하면서 고취될 수 있습니다. 삶이 조금씩 변화하고 있다는 믿음은 한 달 습관 실천 성적표를 확인할 때마다 더욱 강화될 수 있습니다. 연간 목표와 연계된 습관 실천 성과 지표 관리를 통해 스스로 올바른 방향으로 성장하고 있다는 확신을 얻을 수 있습니다. 또 작은 습관을 실천하고 있는 다른 사람들과의 모임을 통해 의지력과 함께 소속감을 얻을 수 있습니다.

작은 습관은 습관을 바르게 형성하는 지름길이자 가장 확실한 습관 만들기 전략입니다.

의지력은 이루고자 하는 목표가 있을 때 그리고 사랑하는 사람들에게서 관심, 격려, 위로를 받을 때, 동료나 직장 상사로부터 칭찬을 받을 때 충만해집니다. 즉 나의 가치를 인정받을 때 충만해집니다. 그러나 이것이 여의치 않을 때는 습관 실천 후 자기 자신에게 작은 선물을 하여 의지력을 재충전하는 방법이 있습니다.

『아주 작은 반복의 힘』에서 저자 로버트 마우어는 "작은 보상은 기여한 공로에 대한 찬사의 상징으로 사람의 내적 동기를 격려하는 것에 목적을 두는 것이지, 물질적 보상에 초점을 두는 것이 아니다."라고 강조합니다. 작은 보상은 인정의 또 다른 형태인 것이지요.

작은 습관 실천 보고서는 작은 보상의 또 다른 형태입니다. 지난달보다 향상된 또는 지난달과 같이 꾸준한 습관 실천율에 성취감을 느끼게 됩니다. 지난달보다 실천율이 떨어졌다 하더라도 습관을 포기하지 않았다는 자긍심을 고취할 수 있습니다. 작은 습관 실천 보고서는 여러분의 그 고단한 수고를 암묵적으로 인정해 주고 격려해 주지요.

위치타주립대학 경영학과 교수인 제럴드 그레이엄에 따르면, 직장인들은 상사가 진심으로 자신의 공로를 칭찬하고 격려했을 때 동기부여가 충만해진다고 합니다. 여러분은 언제 동기부여를 받는지요? 저는 딸들의 웃음소리에, 블로그에 올라오는 따뜻한 응원 댓글에 동기가 충만해지고 의지력이 생깁니다. 또 책을 읽고 감동을 받거나 깊이 공감할 때도 동기가 충만해집니다.

책 읽기 습관과 동기부여에 대해 조금 더 설명하자면, 저는 책 읽기를 통해 스트레스를 해소하고 있습니다. 책 읽기 습관 자체가 작은 보상인 셈이지요.

과거에는 담배를 피우고 술을 마시고 엄청 먹어 대면서 스트레스를 풀었습니다. 스트레스가 과할 때는 술자리에서 친구나 직장 동료의 위로를 받으며 내가 힘들어하는 이유를 얘기하고 또 얘기했습니다. 그러던 어느 날이었습니다. 그날도 회사 업무로 스트레스를 심하게 받고 퇴근 버스에 올랐습니다. 습관처럼 가방 속에 있던 책을 꺼내 읽었지요. 책 한 장을 다 읽어 갈 즈음, 머릿속이 맑아지고 심장이 평화롭게 뛰기 시작했습니다. 스트레스가 나쁜 점은 머릿속에서 고통스런 생각이 계속 떠오르기 때문이지요.

요즘에는 누가 스트레스를 어떻게 푸느냐고 물으면 서슴없이 '책 읽기'라고 대답합니다. 습관이 제게 선물해 준 놀라운 보상이지요.

물론 사람마다 보상을 받는 방법은 다 다릅니다. 자신에게 맞는 보상 방법을 찾아내는 일이 중요하지요. 스스로에게 이렇게 질문해 보세요.

"나는 언제 내가 인정받고 있다고 느끼지?"

또는 이렇게 질문해 보세요.

"나는 어떤 말을 들었을 때 내가 사랑받고 있다고 느끼지?"

여러분도 자신에게 보상을 해 주는 방법, 단 술이나 담배 같은 것보다는 조금 더 긍정적인 보상 방법을 찾아내어 의지력이 바닥을 드러낼 정도로 고갈되지 않도록 자주 보충해 주기 바랍니다.

지금 당장 당신에게
작은 습관이 필요한 이유

송(宋)나라에 한 농부가 있었습니다. 그의 밭 한가운데에는 커다란 나무 그루터기가 하나 있었습니다. 어느 날 밭을 가로질러 달려오던 토끼가 그만 그루터기에 부딪혀 목이 부러져 죽었습니다. 그 모습을 본 농부가 다음 날부터 밭일은 제쳐 두고 토끼가 그루터기에 부딪혀 죽기만을 기다렸습니다.

『한비자』 「오두」에 나오는 이야기입니다. 어제 일어났던 일이 오늘도 또 일어나리라고 기대하는 어리석음을 풍자하고 있지요.

어제 일어났던 여러분의 일상은 무엇입니까? 출근하기 위해 일찍 기상하고, 아침을 먹고, 차를 타고 직장에 도착한 후 업무를 하는 것이겠지요. 그런데 만약 출근할 직장이 어느 날 갑자기 사라져 버린다면 어떻게 될까요? 아침밥을 허겁지겁 먹거나 건너뛰던 분주한 직장인의 하루가 사라진다면 여러분은 그 하루를 무엇으로 채워 넣고 싶은가요?

어제 일어났던 일이 오늘도 그리고 내일도 똑같이 일어날 것이라고 믿는 사람이 여러분들 중에는 없으리라 생각합니다. 그렇기 때문에 지금 당장 변화를 대비해야 합니다. 평화로운 지금의 일상 속에서 목표(꿈)를 세우고 습관을 통해 미래에 다가올 변화를 미리미리 대비해야 합니다.

그러나 이미 경험해서 잘 알겠지만, 습관은 그렇게 호락호락하지 않습니다. 여러분이 습관 만들기에 실패한 이유는 여러분의 노력에 있지 않습니다. 단지, 잘못된 습관 전략을 선택했을 뿐입니다.

습관 전략도 시대에 따라 변해야 합니다. 어두운 골목 안쪽에서 바늘을 잃어버리고는, 단지 환하다는 이유로 가로등 밑에서 바늘을 찾으려 해서는 안 됩니다. 바늘을 잃어버린, 그 어두운 골목으로 들어가 어둠을 환하게 밝히고 바늘을 찾는 것이 바로 올바른 습관이자 전략입니다.

이 책은 바늘을 잃어버린 그 어두운 골목길로 들어가 어둠을 밝히는, 습관 전략을 제시하고 있습니다.

첫째, 혼자 실천하는 습관은 분명히 한계가 있습니다. 습관 만들기 공동체에 들어가 실천하길 권합니다. '미라클 모닝', '3P바인더' 등 여러분의 목적에 부합하는 모임에 참여하세요. '작은 습관 실천 프로그램'도 훌륭한 대안임을 밝혀 둡니다.

둘째, 연간 목표를 세우고, 연간 목표와 연계하여 습관 목록을 엄선하세요. 연간 목표와 연계된(동기화된) 습관은 실천 의지를 더 강하게 하고 더딘 성장의 매너리즘에 빠지지 않게 도와줍니다. 또 자신의 목표를 향해 한 걸음 더 가까이 갈 때마다 성취감을 얻을 수 있습니다.

셋째, 가급적 (이 책에서 제안한 대로) '하루 10분, 작은 습관 3개' 실천을 통해 습관 만들기를 시작하세요. 습관은 결국 자신과의 지루한 싸움입니다. 우리 뇌가 새로운 습관을 눈치채지 못하게 하루 목표를 작게 잡아야 합니다. 그래야 뇌가 거부감을 보이지 않습니다. '매일 100% 성공'이야말로 습관 만들기의 보증수표임을 명심하길 바랍니다.

넷째, 공개선언을 하십시오. "지금부터 습관 3개를 매일 실천한다"고 되도록 많은 사람들에게 이야기하세요. 공개적으로 선언하는 순간, 여러분의 실행력은 작은 날개를 달게 될 것입니다.

다섯째, 매일 습관 실천 결과를 기록하세요. 만약 여러분이 혼자서 습관 만들기에 도전한다면, 달력이나 다이어리, 모바일 애플리케이션 등을 활용하여 매일 습관 실천 결과를 기록하길 권합니다. 누적된 기록을 보면, 습관 실천에 있어 최대의 적을 파악할 수 있습니다. 또 개선 대책도 마련할 수 있습니다.

여섯째, 정기적인 피드백을 받기를 바랍니다. 누군가에게 피드백을 부탁하세요. 습관을 실천 중인 다른 사람이면 더욱 좋겠지요. 충돌효과의 중요성을 잊지 말길 바랍니다.

일곱째, 자주 보상하세요. 신호□반복□보상이라는 습관의 고리가 끊어지지 않도록, 여러분이 사랑받고 인정받는다고 느끼는 순간이 언제인지 생각해 본 후 적절한 보상 방법을 찾기를 바랍니다. 보상은 습관 실천의 에너지입니다.

'작은 습관 실천 프로그램'은 오늘 여기, 대한민국에 살고 있는 평범한 사람들에게 최적화한 습관 만들기 방법으로, 다음과 같은 차별화된 가치를 제공하고 있습니다.

① 하루 10분, 작은 습관 3개 실천
② 1년 목표와 연계한 습관 목록 엄선
③ 카톡으로 매일 습관 실천 결과 공유 및 실천율 관리
④ 오프라인 피드백 모임 운영
⑤ 월별 습관 실천 보고서를 통해 습관 실천 성과 지표 관리

혼자서 아니면 공동체에 소속되어 습관 만들기에 도전해 보세요. 습관을 꾸준히 실천하면 여러분의 삶에 놀라운 변화가 찾아올 것을 확신합니다. 여러분은 혼자가 아닙니다. 매일 습관 실천을 통해 더 위대해지는 여러분이 되길 기도하고 응원합니다.